教育部书法教材推荐碑帖范本

全本对照——经典碑帖临写辅导

褚遂良雁塔圣教序

沈浩　编著

上海书画出版社

图书在版编目(CIP)数据
褚遂良雁塔圣教序/沈浩编著.--上海:上海书画出版社，2016.8
(全本对照:经典碑帖临写辅导)
ISBN 978-7-5479-1251-5
Ⅰ.①褚… Ⅱ.①沈… Ⅲ.①毛笔字-楷书-中小学-法帖 Ⅳ.①G634.955.3
中国版本图书馆CIP数据核字(2016)第150537号

褚遂良雁塔圣教序

全本对照——经典碑帖临写辅导

沈浩　编著

责任编辑　张恒烟　李剑锋
责任校对　郭晓霞
封面设计　王　峥
技术编辑　包赛明

出版发行　上海世纪出版集团
上海书画出版社
地址　上海市延安西路593号　200050
网址　www.ewen.co
www.shshuhua.com
E-mail　shcpph@163.com
制版　上海文高文化发展有限公司
印刷　上海画中画包装印刷有限公司
经销　各地新华书店
开本　889×1194　1/16
印张　5.5
版次　2016年8月第1版　2016年8月第1次印刷

书号　ISBN 978-7-5479-1251-5
定价　35.00元

目录 Contents

总纲

书法是中国的国粹，是世界艺术的瑰宝之一，历来深受人们的喜爱。在中国古代，用毛笔书写以实用为主，经过一代代书法家们对美的追求和探索，薪火传承，不断创造，书写升华为一门博大精深的书法艺术。

书法的技法内容很多，其中最核心的内容当数“笔法”。初学“笔法”，主要要求掌握“执笔法”和“用笔法”。

一、执笔法

在实践中被人们广泛接受的执笔方法，是由沈尹默先生诠释的“执笔五字法”。即用“擫”、“押”、“勾”、“格”、“抵”五个字来说明五个手指在执笔中的作用。（见图）

擫：是指大拇指由内向外顶住笔杆，就像吹箫时按住后面的箫孔一样。

押：是指食指由外向内贴住笔杆，和拇指相配合，基本固定住笔杆。

勾：是指中指由外向内勾住笔杆，加强食指的力量。

格：是指无名指爪肉处从右下向左上顶住笔杆。

抵：是指小指紧贴无名指，以增加无名指的力量。

如上所述，五个手指各司其职，将圆柱体的笔杆牢牢地控制在手中，各个手指的力从四面八方汇向圆心，执笔自然坚实稳定，便于挥运。

执笔的要领是指实掌虚，腕平掌竖。这里特别要提醒的是，随着书写姿式（如坐姿和立姿）的变化，手腕的角度和大拇指的角度应该作相应的调整。

二、用笔法

用笔，又叫运笔，是“笔法”中最为重要的核心内容，它直接影响到书写的质量。

（一）中锋、侧锋、偏锋

一般来说，在书写中笔尖的位置有三种状态，即“中锋”、“侧锋”、“偏锋”。

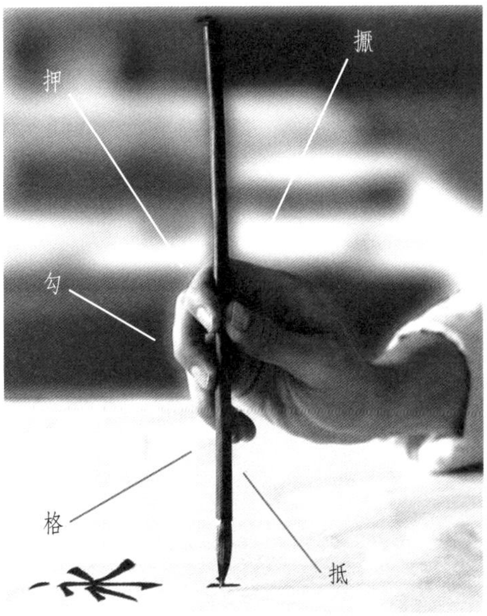

执笔示意

“中锋”：主锋的方向和运动的方向相反，呈 180 度，令笔心在笔画的中线上行走，而笔身要保持挺立之状。

“侧锋”：起笔时逆势切入，运笔时笔毫斜铺，笔尖方向和运动方向处于 90 度到 180 度之间，呈夹角，而收笔结束时回复到中锋状态。

“偏锋”：笔尖的方向和运动的方向成直角（90 度）。

用中锋和侧锋写出的线条具有立体感和感染力。用偏锋写出的线条扁平浮薄、墨不入纸，是病态的，应该绝对摒弃。古人总结出用笔的规律，提倡“中侧并用”，就是这个道理。

（二）起笔、运笔和收笔

每一个点画都包含起、运、收三部分。所以掌握正确的起笔、运笔、收笔方法十分重要。

1. 起笔

起笔又叫发笔、下笔，它的基本形状无非方、圆、藏、露四种。起笔的基本方法有三种，即“尖头起笔”、“方头起笔”、“圆头起笔”。

尖头起笔（露锋）

方头起笔（露锋、藏锋皆可）

圆头起笔（藏锋）

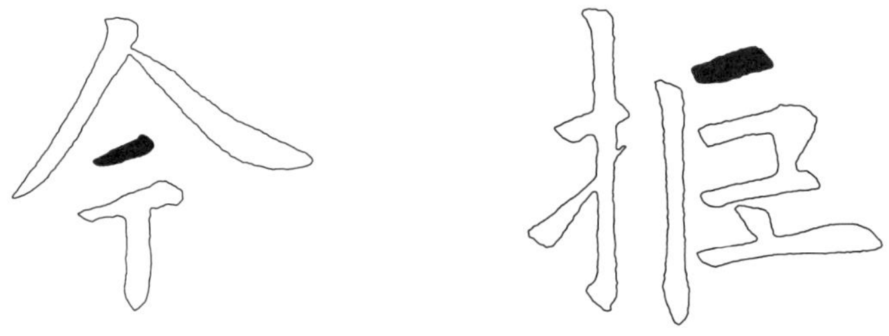

2. 运笔

运笔部分即笔画的中截，又称“中间走笔”。

运笔的第一个要求是始终保持中锋或侧锋。要做到这点就离不开调锋。调锋的目的，就是使笔尖调整到中锋或侧锋的位置。

调锋的手段有三种：

一是提按动作，通过上下垂直的运动使笔尖达到理想的位置。

二是衄挫动作，通过平面的挫动，使笔尖达到理想的位置。

三是兜圈动作，通过顺时针或逆时针方向的转动，使笔尖达到理想的位置。

运笔的第二个要求是涩行。笔锋和纸面相抵产生一种相争、对抗，即在运笔的过程中要有摩擦力，古人生动地比喻为“逆水行舟”和“中流荡桨”，这样写出的笔画才浑厚凝重。切忌平拖滑行。

3. 收笔

笔画结束，一定要回锋收笔，如遇出锋的笔画，如钩、撇、捺等，也要有收的意识，即“空收”。古人说“无垂不缩，无往不收”，言简意赅地阐明了收笔的重要性。收笔回锋有两个作用：一是使笔尖由弯曲还原成直立，使点画起讫分明；二是不论藏锋还是露锋，收笔必须过渡到下一笔画的起笔。

第一讲
基本点画及变化

一、横

“永字八法”中称“横”为“勒”，如勒马用缰，以疾涩为是，不可浮滑。晋卫夫人《笔阵图》曰：“横如千里阵云。”褚遂良楷书的横画要有承上启下的姿态，圆润细挺的质感。

褚遂良《雁塔圣教序》的横画是常见的变化有中细横、短横、左尖横、右尖横。

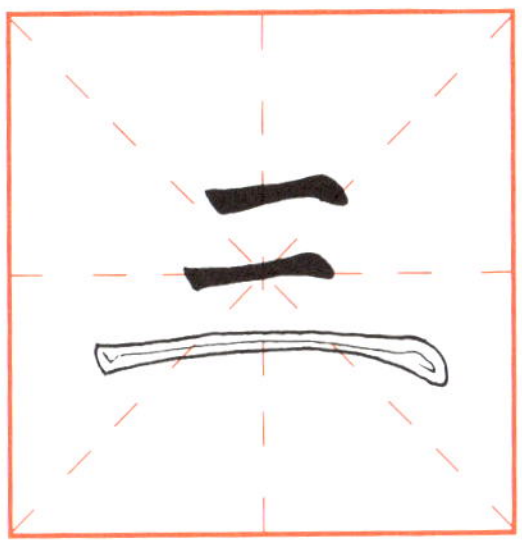

基本写法

起笔：横画直落，翻锋铺毫；
行笔：保持中锋，提笔右行；
收笔：提笔上顶，下顿收笔。

小提示

❶ 褚遂良的上横呈“S”形。
❷ 不是水平，要往右上斜一些。
❸ 尖横不可尖利，也要圆厚。

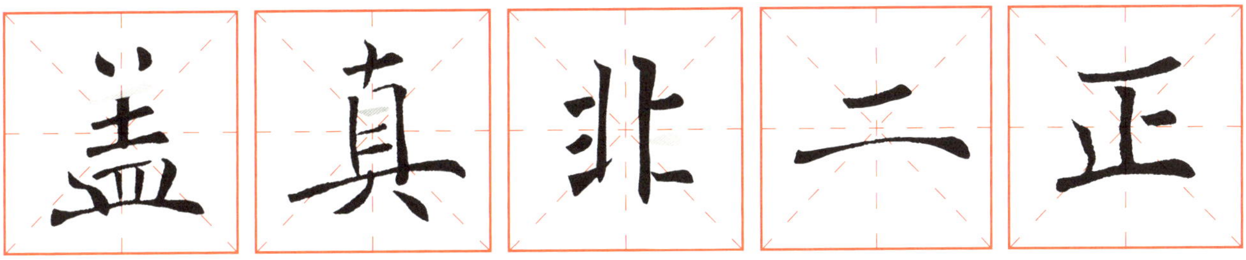

二、竖

“永字八法”中称“竖”为“努”。卫夫人《笔阵图》曰：“竖如万岁枯藤。”作竖法妙在直中求曲，曲中求直，快慢得当，收放自如。

褚遂良《雁塔圣教序》的竖画最常见的有：曲头竖、垂露竖、悬针竖。

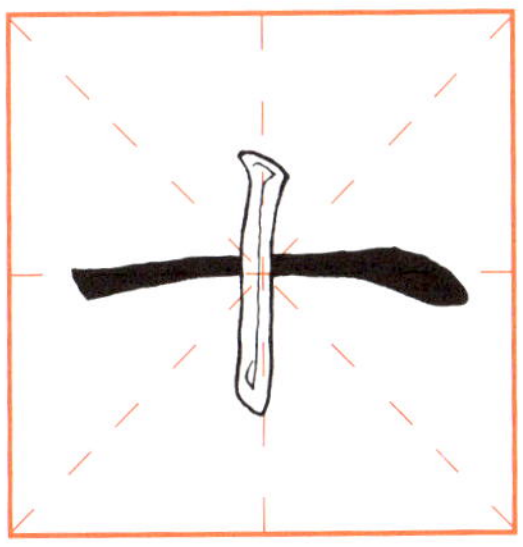

基本写法

起笔：竖画横落，往右轻顿；
行笔：往左翻锋，铺毫下行；
收笔：提笔左上，回锋收笔；（垂露）
收笔：渐提渐收，力送毫端。（悬针）

小提示

❶ 褚体竖画长竖多呈曲线。
❷ 多竖画组合要有向背的变化，起笔亦应不同。
❸ 悬竖针多用在最后一个点画是竖的字。

三、撇

“永字八法”称“撇”为“掠”，提示出撇的书写速度及毛笔的走势。《笔阵图》又云：“撇如陆断犀象。”褚遂良《雁塔圣教序》的撇有：短撇、长撇、竖撇、回锋撇。

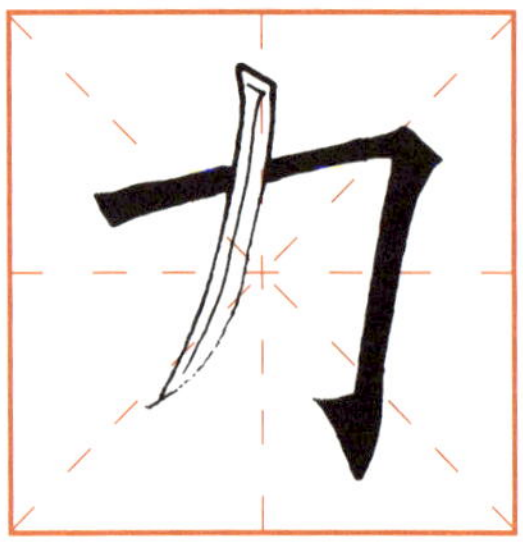

基本写法

起笔：竖画横落，往左翻锋；

起笔：正锋铺毫，往左下行；

收笔：稍按即提，迅捷有力。

小提示

❶ 撇在出锋时，务必使笔毫归正收尖。

❷ 每一个撇画均有粗细的变化，不可板直僵硬。

❸ 回锋撇似钩、短撇似点。应注意同中有异，异中有同。

四、捺

“永字八法”中称“捺”为“磔”。卫夫人《笔阵图》曰：“捺如崩浪雷奔。”书写时，逆锋起笔，裹锋往右上翻锋后，再朝右下行笔，逐渐铺毫加粗至捺角处往右提笔出锋。

基本写法

起笔：逆锋起笔，翻锋右上；

起笔：侧锋铺毫，右下渐按；

收笔：侧锋归正，提笔右出。

小提示

❶ 捺画要一波三折，才能姿态优美。

❷ 捺画收笔时，笔锋务必正锋铺毫，才能使捺脚圆厚有力。

❸ 反捺是反写之捺，不是长点的写法。

五、点

“永字八法”中称“点”为“侧”。卫夫人《笔阵图》曰：“点如高峰坠石。”点的起笔落笔要做到峻落峻收，切不可涂抹。

褚遂良《雁塔圣教序》的点最常见变化有：竖点、提点、撇点等。

基本写法

起笔：露锋起笔，右下峻落；
行笔：铺毫展锋，往下作顿；
收笔：笔锋弹起，向上收锋。

小提示

1. 点虽然很小，但是起笔、行笔、收笔不可省略。
2. 点的变化在所有的基本点画中是最丰富的，不可不察。
3. 有些点是其他基本点画的浓缩。

六、钩

“永字八法”中称“钩”为“趯”。卫夫人《笔阵图》曰：“钩如百钧弩发。”钩之形应该有锥一般的姿态和力度，不可尖薄。

褚遂良《雁塔圣教序》的钩常见的有：竖钩、弯钩、横折弯钩、斜钩等。

基本写法

起笔：竖画横落，往右轻顿；
行笔：往左翻锋，侧锋下行；
收笔：左下蹲锋，翻锋左出。

小提示

1. 竖钩不可僵直、略呈 S 形。
2. 钩出时不可太慢。
3. 出钩方向不宜太向上，基本和竖呈直角。

七、提

“永字八法”中称“提”为“策”。颜鲁公《八法颂》曰：“策依稀而似勒。”实际上，提的写法确实和横很相似，只是在收笔时提笔出锋即可。

褚遂良《雁塔圣教序》的提常见的变化有：竖提、横提等。

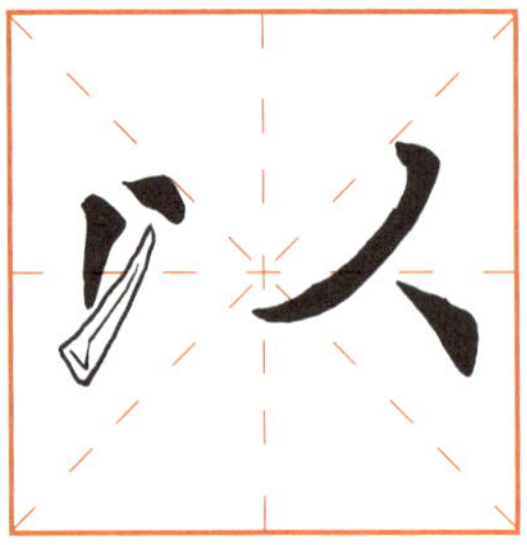

基本写法

起笔：右下直落，翻锋铺毫；
行笔：保持中锋，提笔右上；
收笔：渐提渐收，出锋收笔。

小提示

❶ 褚体运笔灵活，提的起笔也有下起的写法。
❷ 提在出锋之时不可过快。
❸ 尽量不要和下一笔粘连。

八、转折

在“永字八法”中没有转折一法。实际上，转折只是横和竖的连写而已。转折分为转法和折法。褚体的转折会有横竖断开的情况，书写时要笔断意连。

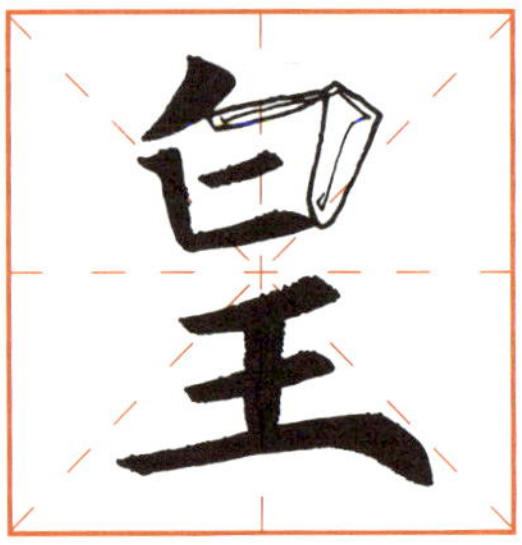

基本写法

起笔：横画直落，翻锋右行；
转法：稍提即落，右下轻顿；
折法：提笔上行，右下作顿；
收笔：翻锋下行，回锋收笔。

小提示

❶ 褚体转和折均可断开书写。
❷ 横竖要有俯仰向背的变化。
❸ 在有横托竖的情况下，竖可以杀锋收笔，不用回锋。

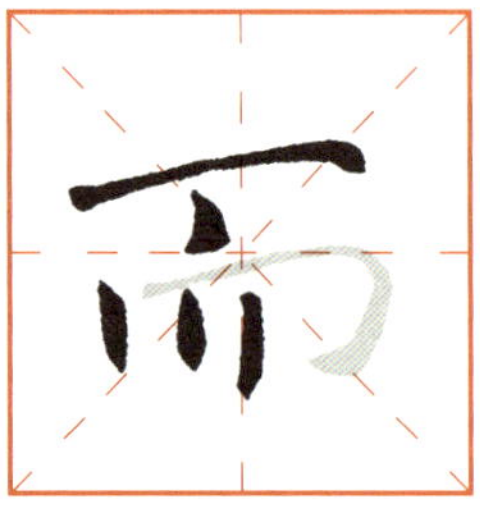

九、拓展：（一）至善　教之道　贵以专

临习要点

左边的三组词，我们可以尝试临摹和创作。

临习时，我们要牢记基本点画的运笔方法，以及这些基本点画的变化形态。做到观察在前，成竹在胸，才能写好。如“善”字，哪个横画最长，几个横画的俯仰姿态是如何变化的。

创作提示

尝试创作时，要时刻注意整体感觉，要预想字形大小。如“至善”两字，“至”字容易写小，所以点画宜粗壮些，才能和“善”字协调。

幅式参考

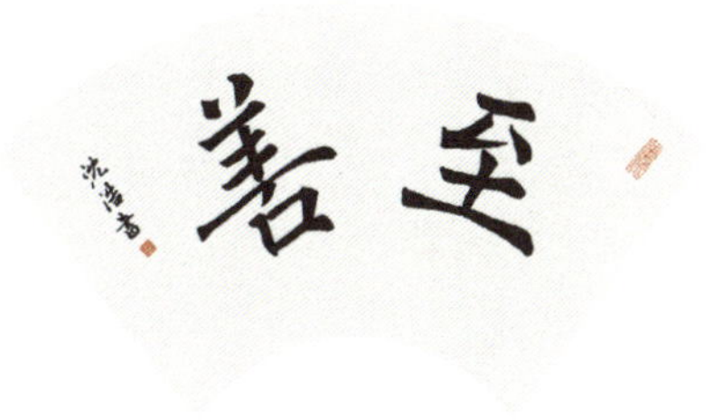

扇面

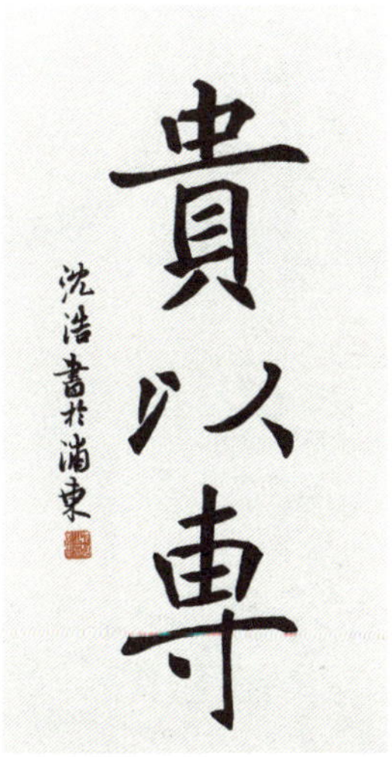

条幅

（二）尚贤　定生慧　精气神

临习要点

基本点画练习一个阶段后，可以进行少数字作品的训练。其目的是综合检查基本点画笔法的掌握程度。在小作品的练习过程中，有助于形成对于书法作品的初步印象。对于基本点画的变化也有进一步的认识。

创作提示

少字数书法作品实际上是很难把握的。难度首先在于字数少，每一点画都要经得起推敲。字与字的呼应少。其次在于落款难，在较小的空间落款对于初学者是巨大的考验。

幅式参考

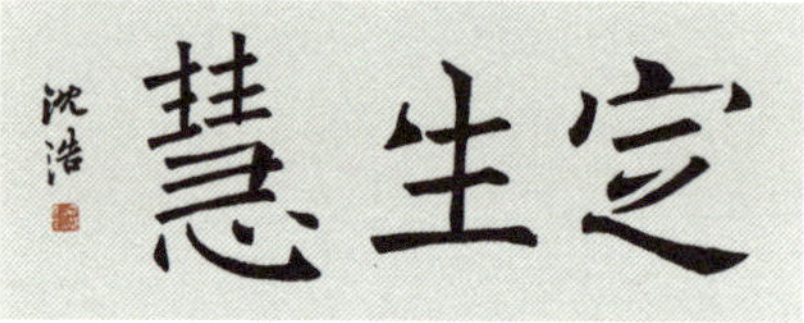

横幅

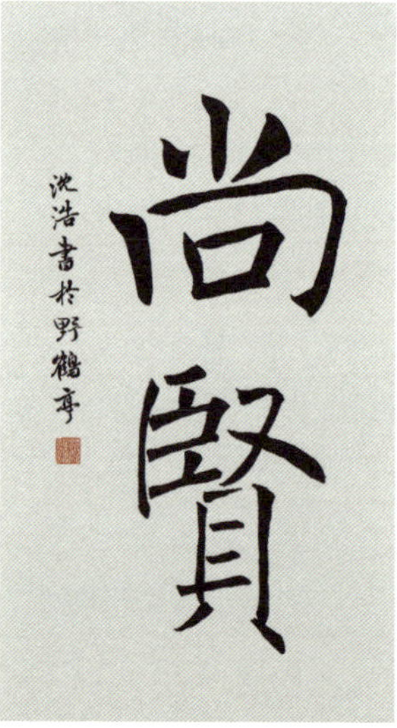

条幅

第二讲
偏旁部首

部首是组成汉字的重要单位，练好部首可以写出字帖上没有的字。

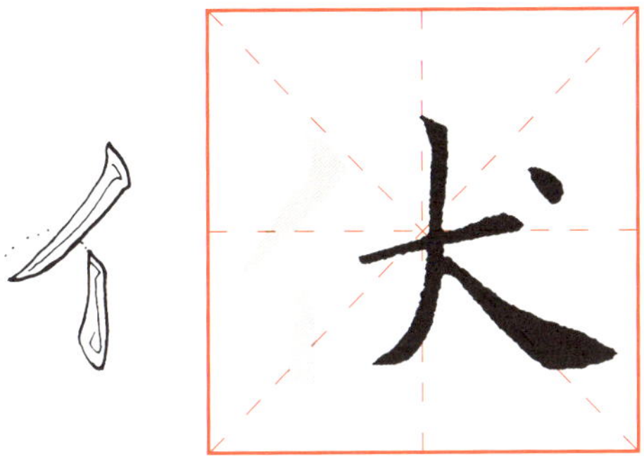

一、单人旁和双人旁

单人旁和双人旁都是由撇和竖所组成。此二偏旁较为狭窄，所以在书写时应该偏左，以便让右旁舒展。撇与竖不要粘连。

单人旁：撇完竖直意相连，长短协调右半边。
双人旁：两撇一竖有推敲，长身直立稳当先。

二、竖心旁与提手旁

竖心旁的笔顺为“左点、右点、中竖”。竖画书写时，不宜碰到两点，竖画姿态要婀娜。
提手旁的竖钩要写出挺拔之势，不可太粗。三个点画之间要有明显的连贯，但是，又不能写得拖泥带水。

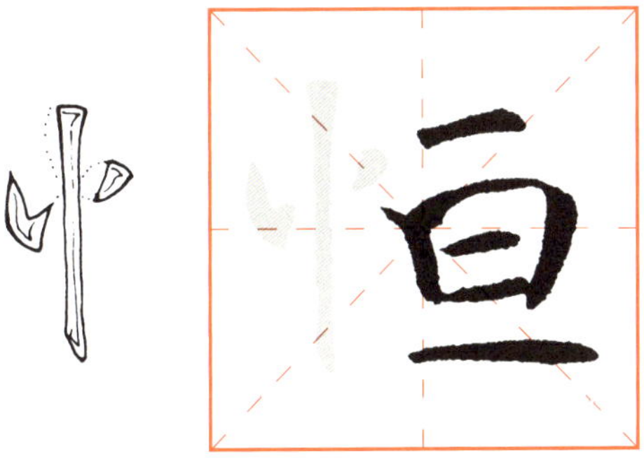

竖心旁：两点呼应宜偏上，一竖飞纵不粘连。
提手旁：短横长竖连提笔，笔锋斜上不牵拉。

三、提土旁与斜王旁

斜王旁与提土旁写法相近。不同在于提土旁的变化是竖，其竖画伸出的长短随右边的部分而定。斜王旁的变化在于最后的“挑”，其长短也要看右边的部分。

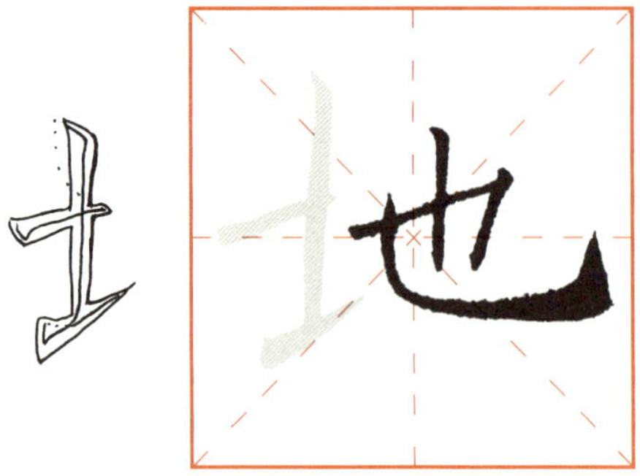

提土旁：土字一竖靠右边，连写提笔右上行。
斜王旁：竖长横短间匀称，提与下笔意相连。

四、木字旁与禾木旁

木字旁和禾木旁写法较为相似，两者都不能将“横竖撇点”相交于一处，都要左伸而右缩。“秘”字的禾木旁，褚遂良处理得较为别致，可强记之。

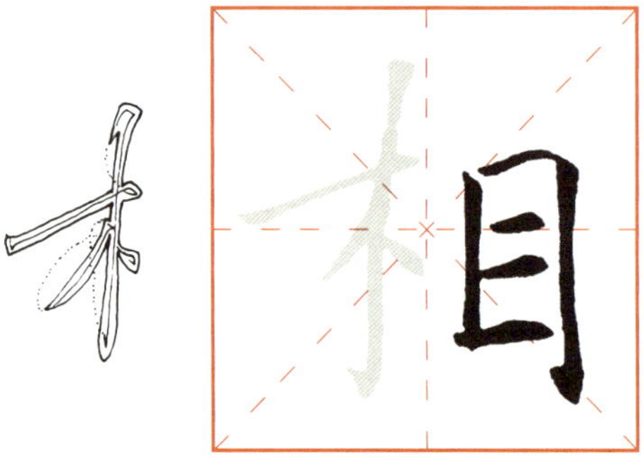

木字旁：横画左伸还要斜，撇点稍短不相连。
禾木旁：上撇位置宜中正，左右穿插睦如家。

五、雨字头和虎字头

雨字头和虎字头形体比较接近，只是虎字头旁边有一小撇。两者上部的宽度和厚度基本一致。要注意上下的重心。

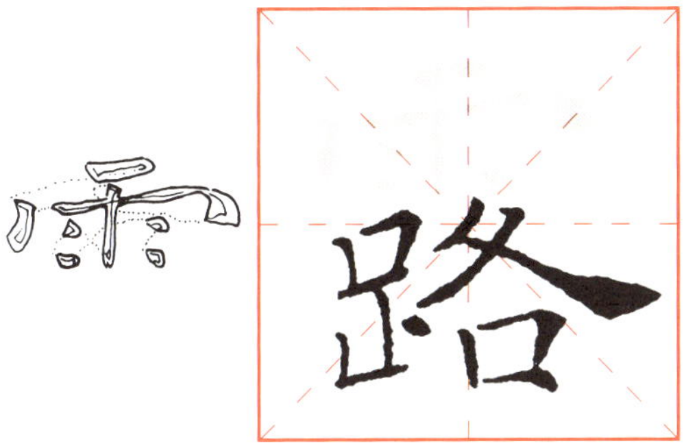

雨字头：雨头横钩要写长，中竖偏左平两点。

虎字头：虎头四横要写匀，一撇长短费思量。

六、山字头和日字头

山字头和日字头都是字头部首，而且大小接近。两者书写时，都要根据下半部分的大小相应作出调整，或长，或短、或宽，或窄。

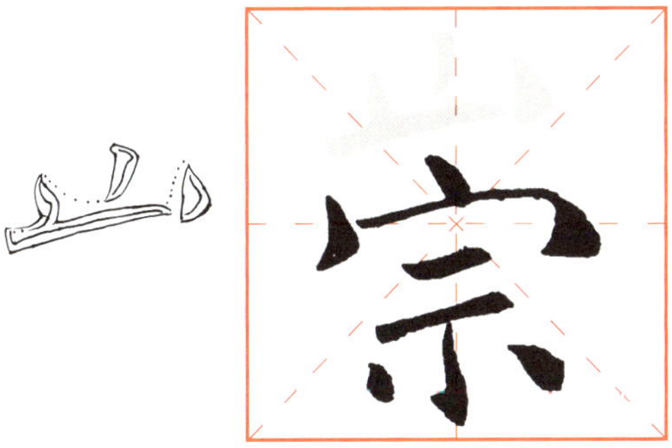

山字头：山头大小有变化，一稳二奇三协调。

日字头：当头一日需摆稳，写美还需宽窄之。

七、穴字头和宝盖

穴字头和宝盖写法比较接近，只是在宝盖下面多一个“八”字。宝盖要写得宽些，穴字头下面的“八”不能写得太低。

穴字头：一点落笔要高些，小八钻进宝盖。

宝盖：横钩俯仰有变化，宽帽扣稳下半边。

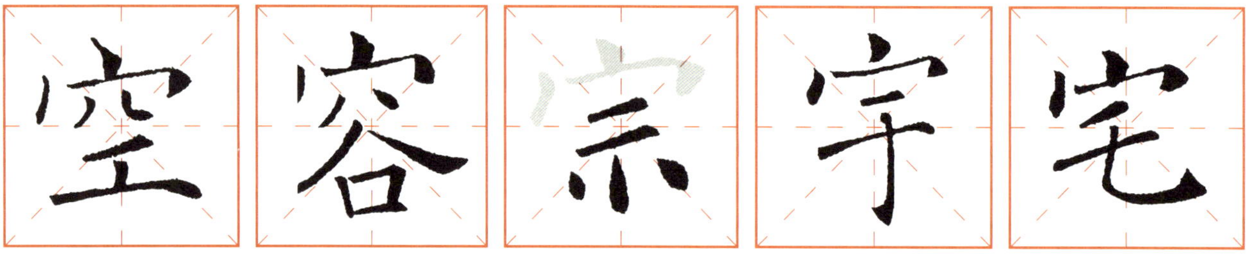

八、月字旁和马字旁

月字旁和马字旁都是上宽下窄的形状，在书写时，要注意不要写得前仰后合。月字旁的撇不要太往外斜，而且，不要写得太胖。马字旁也要写得瘦一些才能和右边和睦相处。

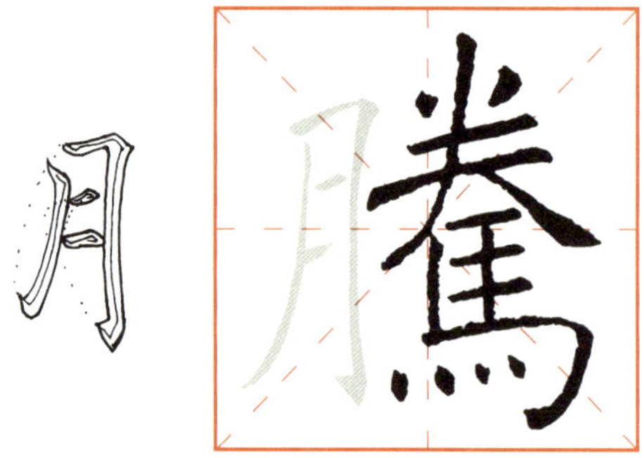

月字旁：月字一撇细且直，竖钩内撇有精神。

马字旁：竖长横短间均匀，横折弯钩与上齐。

九、三点水和三撇儿

三点水和三撇儿一左一右，形态相似，都是三部分呈纵向分布。不同的是，一用点，另一用撇；注意点是：笔画断开，笔意相连。

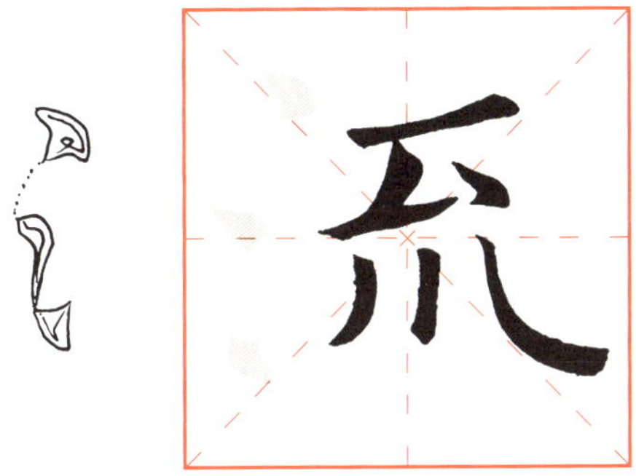

三点水：三点略微呈弧度，末点正锋向上提。

三撇儿：三撇形态各不同，高低需与左相配。

十、金字旁和车字旁

金字旁和车字旁都是点画较多的偏旁，不同在于金字旁舒展上部，车字旁舒展在下部。两者都在字中占一半的地方，所以，应该有穿插才能使点画众多的左右两部分巧妙相容。

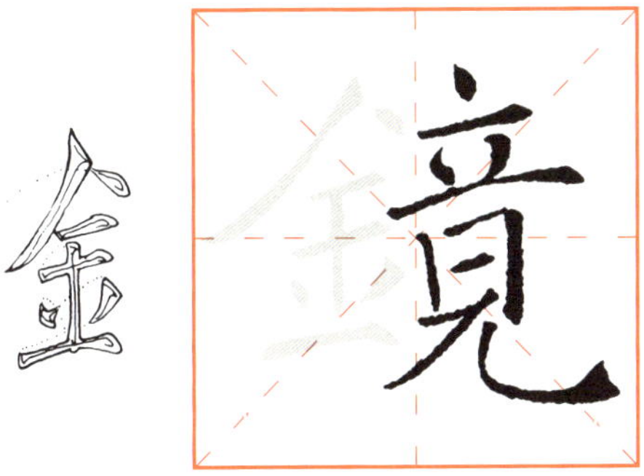

金字旁：长撇短点斜玉字，左边参差右边齐。

车字旁：横多间隔要均匀，长短要看右半边。

十一、火字旁和反犬旁

火字旁和反犬旁都有一主要点画：火字旁为竖撇，反犬旁为横折竖钩。这两个点画要重心稳定才能写好这两个部首。

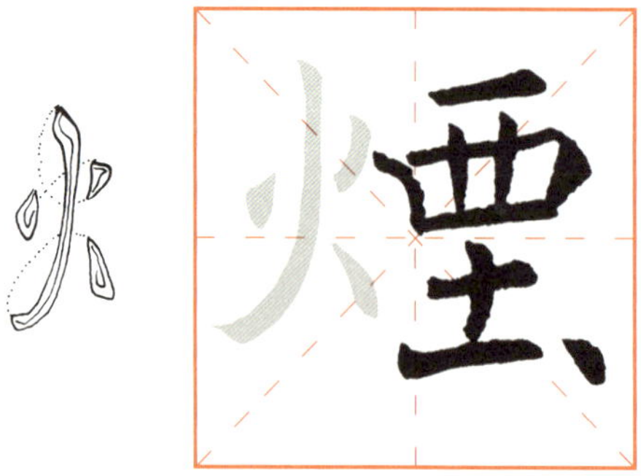

火字旁：两点一撇再写点，点短撇长勿相粘。

反犬旁：撇完顺势横折钩，中正独立有精神。

十二、衣字旁和示字旁

衣字旁和示字旁写法极其相似，只在示字旁多加一点即可。在褚遂良《雁塔圣教序》中，示字旁和衣字旁经常通用，如“被”“衽”等。但要注意，这在书法作品中可以，在语文规范书写时不能这样。

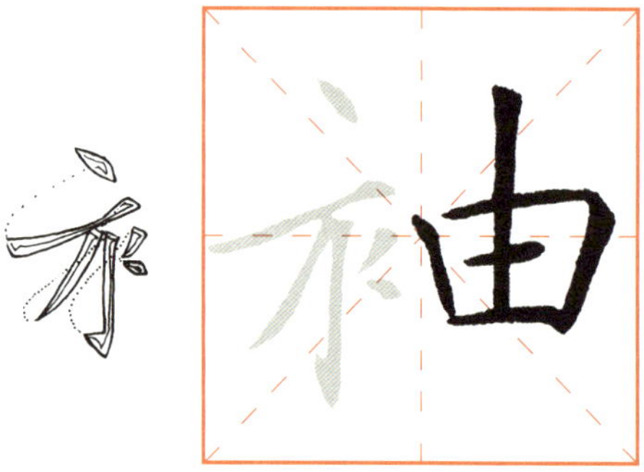

衣字旁：衣字一点在右上，斜横遮盖众点画。

示字旁：除去衣字一撇点，称心如意示字旁。

十三、日字旁和目字旁

日字旁和目字旁写法近似，只是少一小短横。但是，应该注意，两者不仅仅是少一横，整体的大小都有变化。

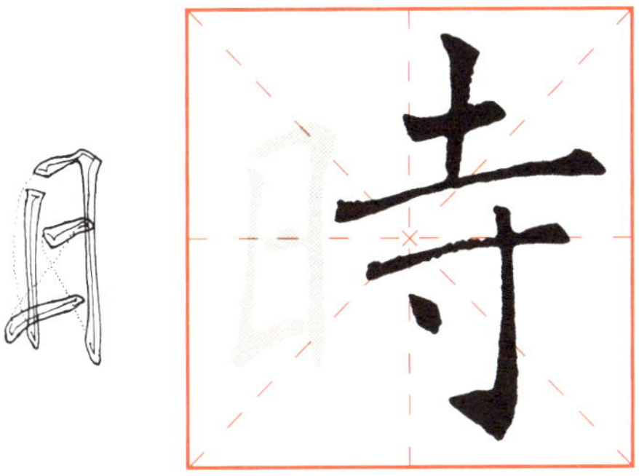

日字旁：偏旁之日要写瘦，靠左靠上横写匀。

目字旁：多加一横体变宽，偏左偏上理相同。

十四、门字框和大口框

门字框和大口框相比，一为半包围，一为全包围。但是，结构都是框形的。此种结构在书写时，框廓不要太撑满，不然，容易显得大。

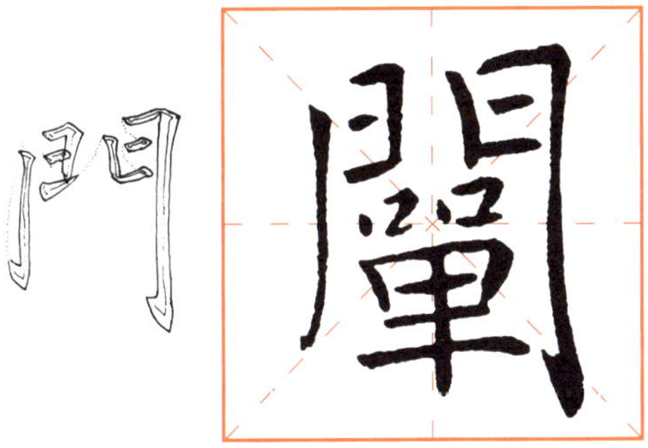

门字框：左右门户要相当，门框长短要适度。

大口框：口开大小看里面，四面三角不相连。

十五、绞丝旁和言字旁

绞丝旁和言字旁虽然写法完全不同，但是，两者大小相近，点画都较多，间隔也较密。书写时要做到密而匀，繁而不乱。

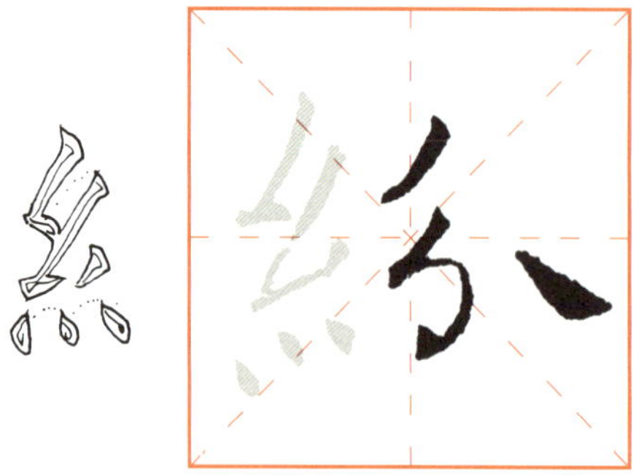

绞丝旁：撇折撇提不偏侧，三点收紧对上面。
言字旁：一点偏右还需大，五横俯仰右边齐。

十六、左耳刀和右耳刀

左耳刀和右耳刀点画完全一样，只是位置不同。但是，正是由于位置的不同，两者的点画和舒展部分就完全不同了。另外，左耳刀的竖不能写成悬针，而右耳刀既能写成悬针又能写成垂露。

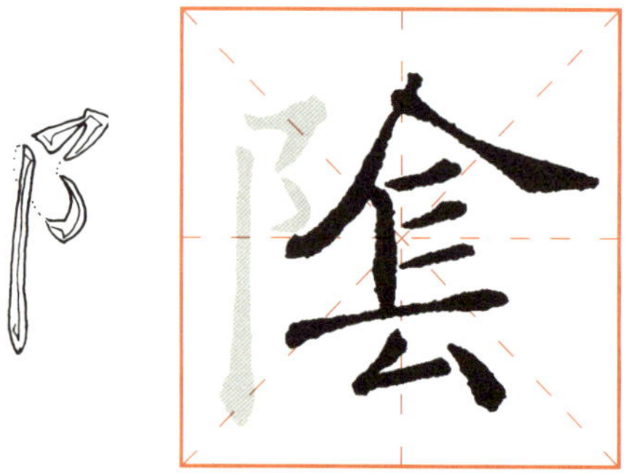

左耳刀：耳钩大小要注意，一竖回锋写右边。
右耳刀：耳钩应该写舒展，一竖应有劲挺姿。

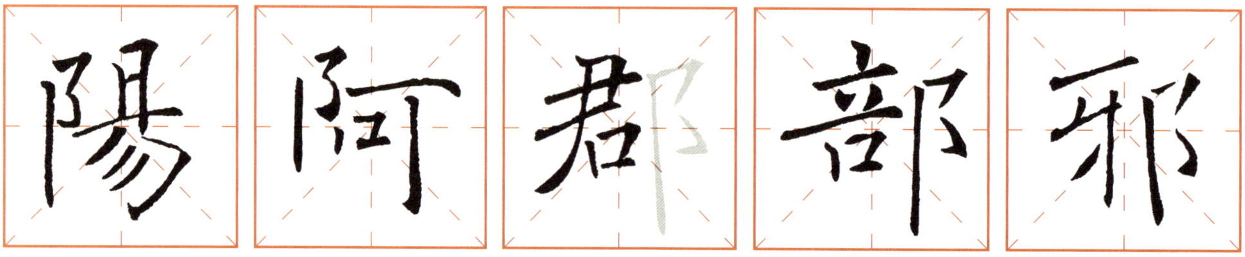

十七、草字头和人字头

草字头的两部分写法完全不同，褚遂良在书写时还用两短竖配两点的写法来丰富这重复的部件。人字头的撇写得要比捺低一些。

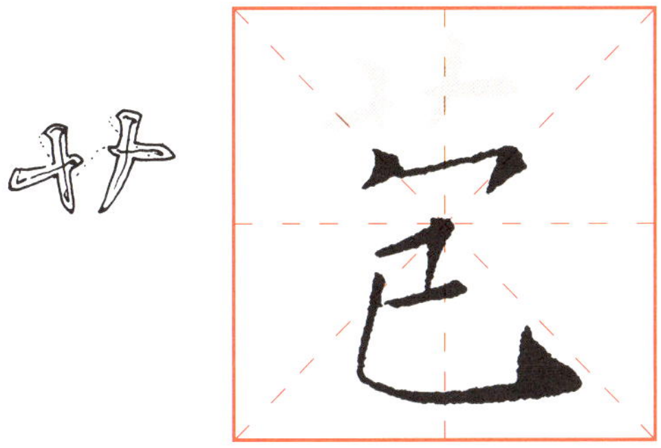

草字头：横竖横撇记笔顺，两竖切忌一样尖。
人字头：撇细捺粗直中曲，包含下部角度开。

十八、足字旁和立字旁

足字旁的书写要注意上下两部分的重心对齐，另外，足字旁左边可以参差，右边上下要整齐。立字旁的书写难在没有太出彩的点画，其中部两点的撇点要高些，这样才能和上下协调。

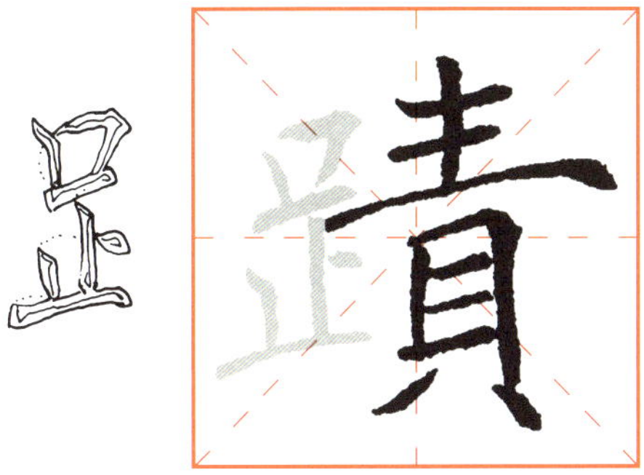

足字旁：口在止上须摆正，最下一横往左伸。
立字旁：一点写在横尾上，横点撇提互不粘。

十九、大字底和四点底

大字底的长横书写时要注意有起伏，同时又不能写得松和弱。四点底要注意四个点的变化，同时还要有呼应。

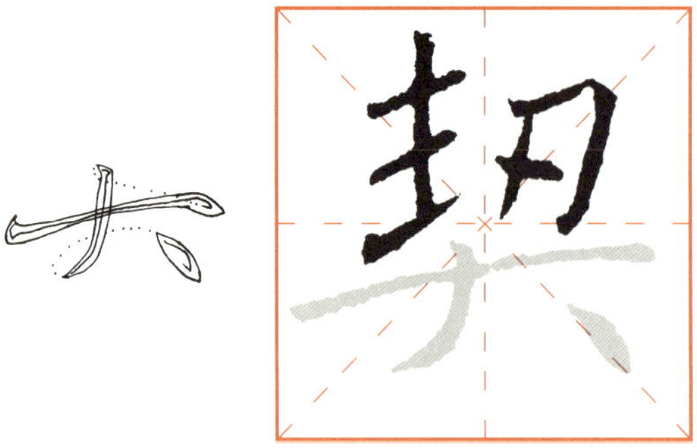

大字底：长横短撇须有力，右下一点定全身。
四点底：两边大大中小小，左顾右盼间隔好。

二十、反文旁和欠字旁

反文旁书写时，应该根据左偏旁的字形特点来布局。其撇捺都可作伸缩的变化。欠字旁也是这样，长短宽窄可以根据左边的部首相应作出调整，捺也可以写成点。

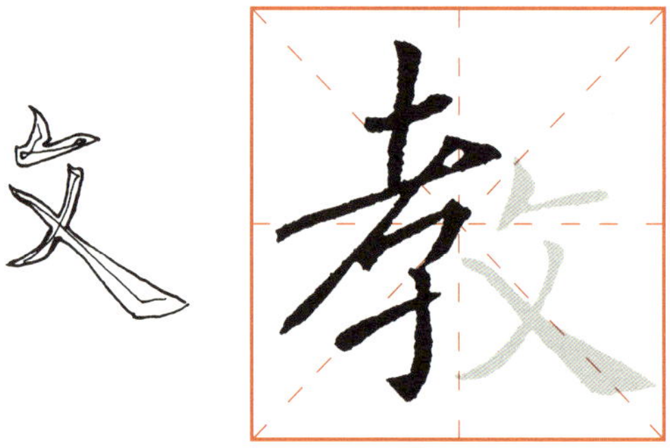

反文旁：左边空来撇过去，左边饱满捺右边。
欠字旁：我是百变小灵通，正捺或点皆可为。

二十一、广字头和走之底

广字头为常用部首，首点写在横的中后部，撇的起笔要轻灵些。走之底的点也要写在横折的上面才不至于倒掉。

广字头：一点偏在横中后，柳叶撇形要写好。
走之底：一点高悬横折上，捺长才能载里边。

二十二、贝字底和心字底

贝字底由于是比较充实的部首，因而容易写得闷。褚遂良通过不封口的处理使字透气。心字底的写法也要注意形散神聚。

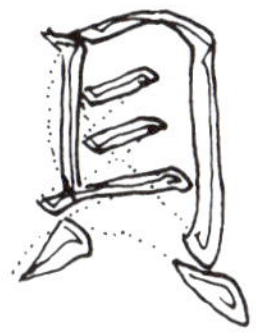

贝字底：一目还需磐石固，两点虽斜字不斜。
心字底：几点上下虽随意，穿插补空实有功。

第三讲

间架结构

一、独体结构

独体字点画较少，如果一味纤细，不免瘦弱。所以，褚遂良的独体字几乎每个字均有较为粗壮的点画，使得独体字有了变化，不至于太小。如“分”的捺、“自”的撇、“而”的横等等。练习者还要注意欹侧的独体字，不要写倒。如：“万”字、“久”字。

二、左右结构

左右结构也包含左中右结构。左右两部分的大小不同，字形的处理也要不同。一、左大右小。这样的字一般下沿对齐，如“翻”、“显”两字。二、左小右大。这样的字一般上沿对齐，如“缘”、“灭”两字。三、左右相当。这样的字两部分要平衡处理，如“体”字。四、左中右结构。这样的字，三部分要有主次，不可平均处理，如“御”、“凝”两字。

三、上下结构

上下结构也包含上中下结构。要注意上下两部分的重心。褚遂良《雁塔圣教序》其上下结构安排得十分有变化。

一、上下对齐：如“崇”字，“山”之竖和“宗”之竖钩为上下两部分的重心所在，对齐之后，字形稳如泰山。

二、上下错落：如“鹫”字，上下两部分重心不对齐，字形向左倾斜，然“鸟”的第一点支撑住了宽阔的上半部分，全字转危为安。如“慧”字，为上中下结构，其“心”的重心显然偏右，字形左倾明显，但是重重的心钩拉住了字形，字形别致。

四、包围结构

包围结构分为半包围和全包围。一、半包围结构。被包围的部分既不能太大而脱出，又不能太小而缩进。如“甸”、“风”两字。二、全包围结构。全包围结构的字容易显得很大，所以，外框宜缩小，不要封闭；被包围部分要显得充实而不拥挤，如“国”、“固”两字。

第四讲

结体原则

一、重心稳定

任何书法作品一个最基本的要求就是重心稳定。褚体也不例外。在书法练习时，应该先求平正，然后再求险绝，最后复归平正。有的字适合平正安稳，如“日”、“良”；有的字适合不平之平，如“焰”、“括”等。练习者要循序渐进，万不可有一步登天的想法。

二、贯气意连

褚遂良《雁塔圣教序》在贯气意连方面表现得十分明显，其承前启后的运笔轨迹鲜明地留在了石碑上面，在尚法的唐代楷书中，褚遂良的充满行书笔意的楷书无疑为下一步行书的学习打下了基础。如“在”字，露锋的横画直落笔，收笔出锋往上，直接提向撇，撇的起笔也顺势连贯而落，整个横竖一气呵成，神采飞扬。

三、线条多姿

褚遂良《雁塔圣教序》的线条婀娜多姿。其基本点画及其变化形态造型非常丰富，体现出其高超的创造力。如“此”字，左边的竖如一弯新月，第二竖如人回首，第三竖挺胸直立，第四竖延颈上探，姿态各异，令人流连。又如“梦”字，草字头两横一为右尖横，一为左尖横；下面三横俯势、平势、仰势依次展现，五横各不相同。

四、结体疏朗

褚遂良《雁塔圣教序》的结体特点是宽绰疏朗。由于其点画细挺，使得字内外空间较大；加之横画舒展，以及部首间距也足，形成了独特风格。如“问”字，“门”字框左右两部分的每一个点画都分开书写，疏阔异常。又如“帝”字，横画都较长，竖画极短，字形宽展自如。

第五讲
书法形制简介

一、条幅

条幅是书法中最常见的创作形式，尺幅长宽比例为 3:1 或 4:1，章法特点是上下舒展，容量较大，很有气势。

临习要点

左边是宋代大诗人陆游的《夜吟》诗。在书写时我们尤其要注意点画极多和极少的字。大者小之，小者大之，才能达到视觉上的平衡。如：“一”和“灯”字。学习者要多加体会方能运用自如。另外，落款的大小、书体大多为初学者忽视，实际上，落款是作者综合能力的体现。

六十餘年妄學詩功夫深處
獨心知夜來一笑寒燈下始
是金丹換骨時
陸遊夜吟詩 沈浩書於浦東

条幅

二、对联

对联，又称楹联，是左右对称的直幅合成形式。对联又是中国传统的文学样式，上下联讲究平仄押韵，使用范围十分广泛。字数少则四言、五言，多则七言、八言乃至百言。

临习要点

对联的书写要注意对联的特点：字和字的距离较疏朗。临习时要注意虽然离得远，还是要呼应，除了上下呼应，两联之间也要呼应。呼应的表现多种多样：字形的大小，线条的粗细，重心的奇正，上下款的位置和内容等等。尤其值得注意的是：对于线条笔法的重视永远要放在初学者的第一位。

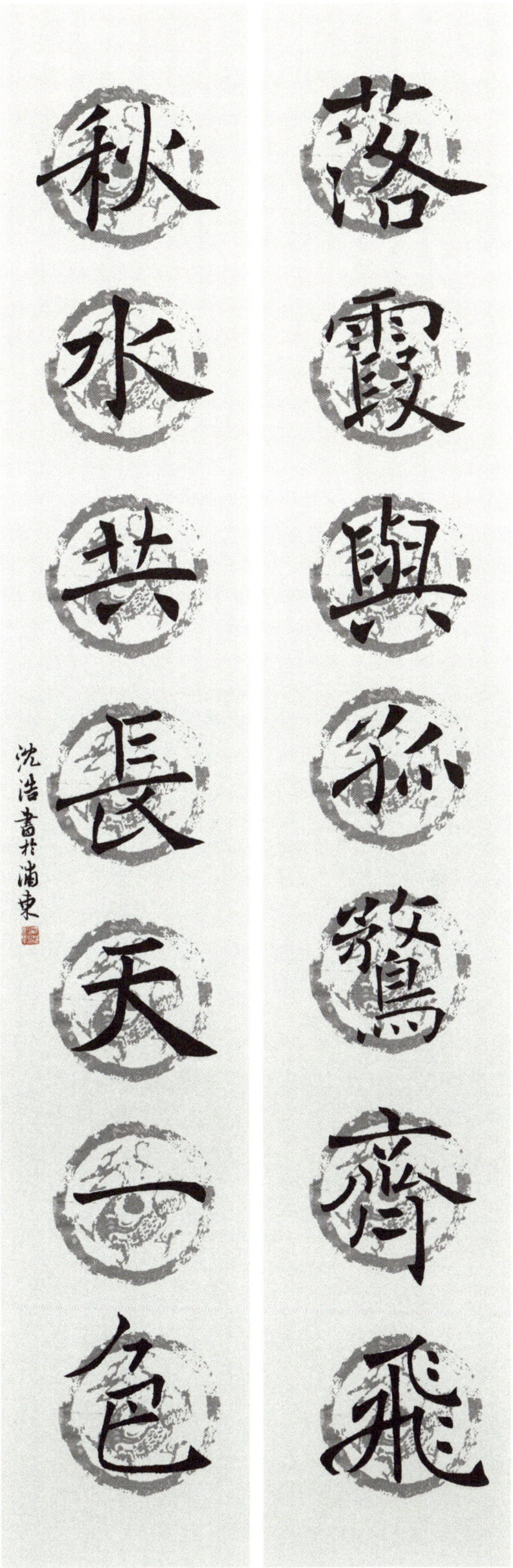

对联

三、扇面

扇面一般有折扇、团扇之分，其特点是融艺术于实用中，精致而富有文化，深受人们喜爱。

除了市场上能够买到的成扇外，亦可用宣纸剪裁出扇形。折扇内容宜写在扇面上端，留出下部空白作对比。各字横排一般齐上不齐下，大小可有变化，左右紧密但不能点画粘连，要注意避让。落款可长于正文以增加错落感，右上方可盖一枚起首章。团扇书写应讲究因形制宜，落款字数宜多，多用行书体。

临习要点

扇面的书写要注意其弯曲的弧度，字的重心呈放射形。团扇也可以当成斗方书写。

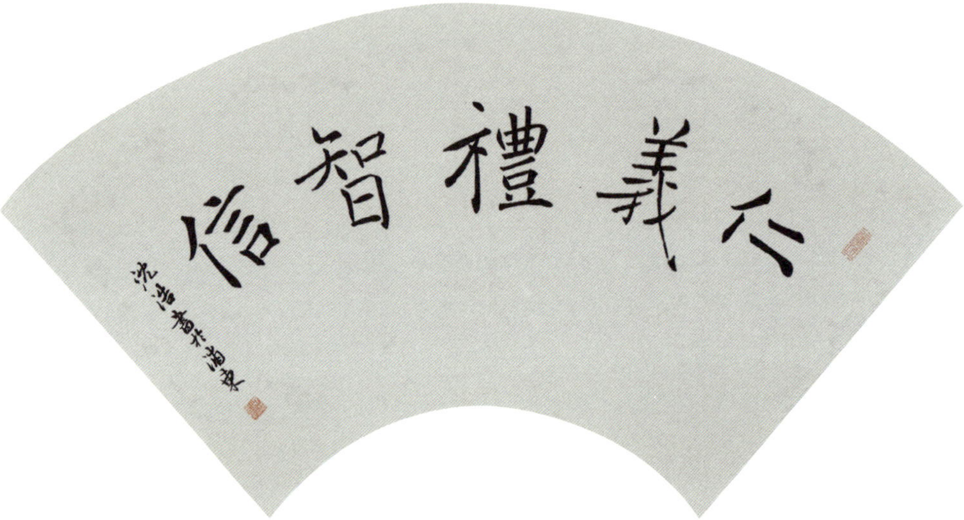

折扇

团扇

四、横幅 斗方

横幅，又称横批，一般条幅横写便成。书写时，由于从右往左写的习惯使然，视线受阻，字的重心容易有高低起伏。

斗方，一般呈正方形形制。少字数作品为多，书写内容宜以成语警句为是。

临习要点

在临习旁边的斗方作品时，要注意主笔的避让，如“其”的长横舒展，“故”的捺就要收。在临习横幅时，“大”和“至”笔画都要粗些才能大小平衡。

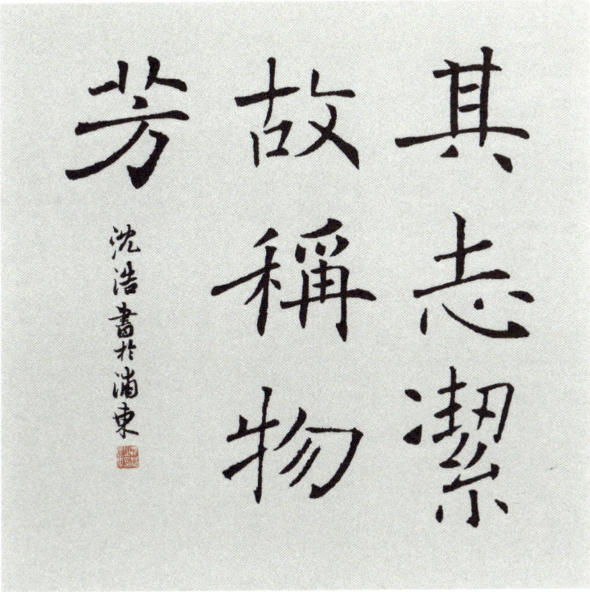

斗方

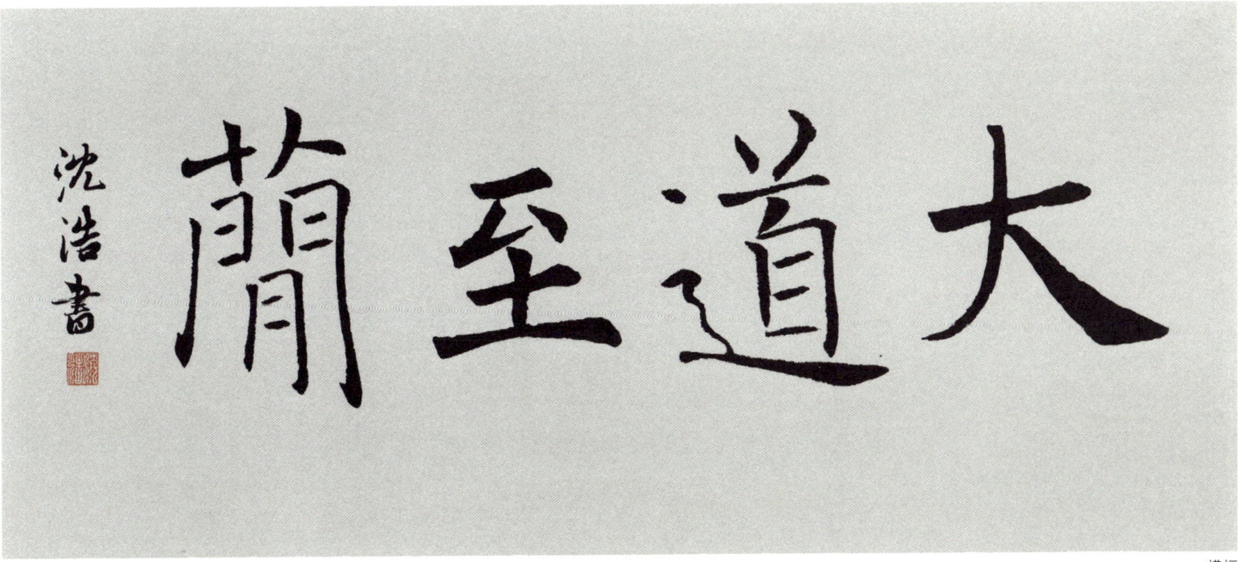

横幅

五、集字创作参考

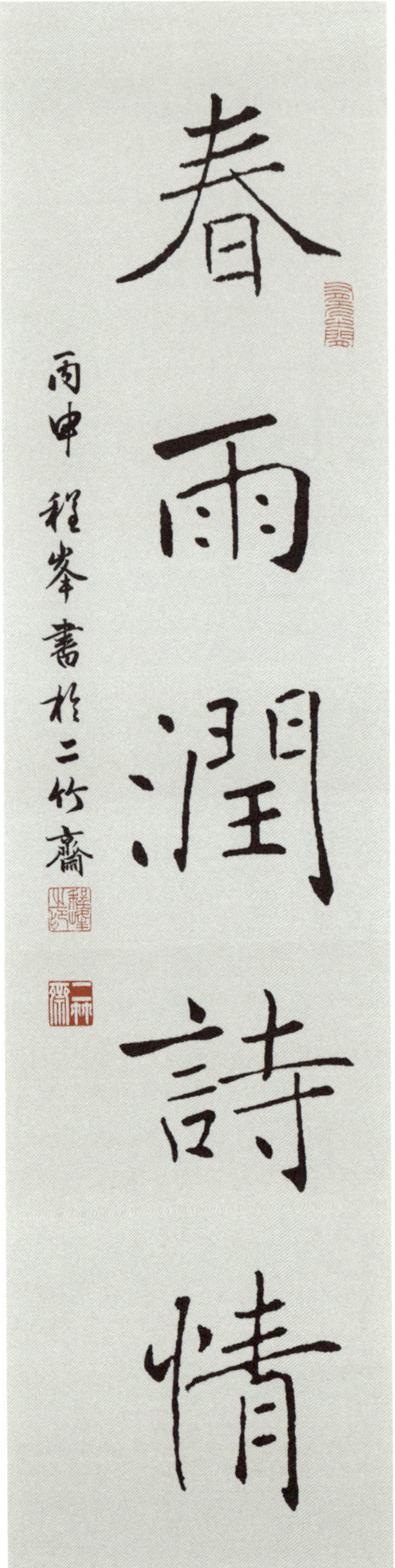
春雨潤詩情
丙申 程峯書於二竹齋

条幅

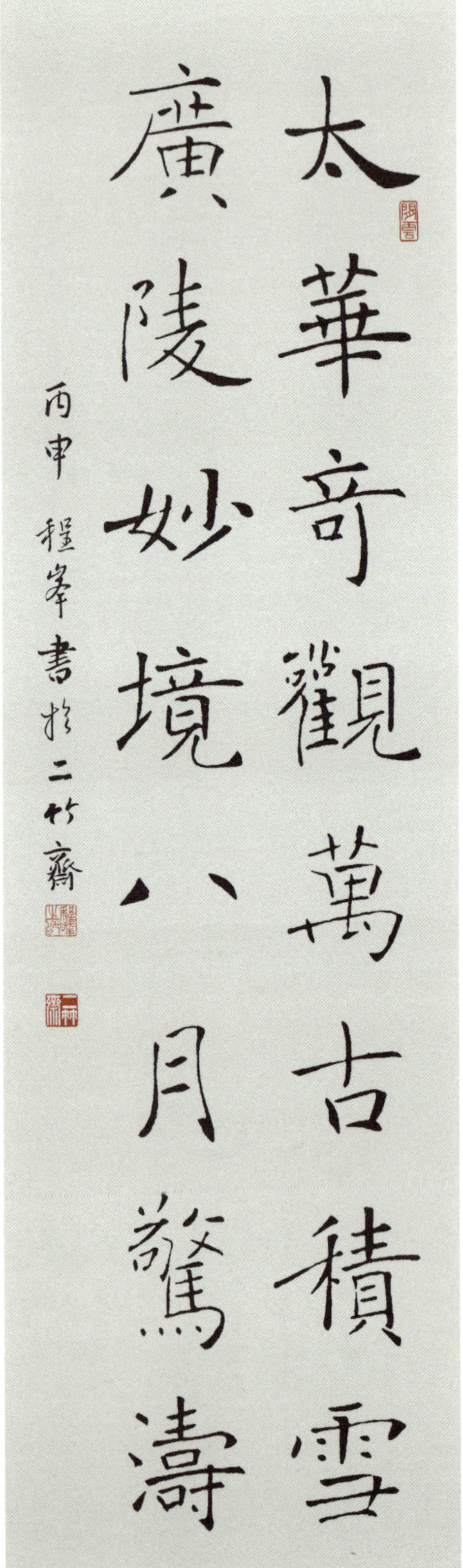
太華奇觀萬古積雪
廣陵妙境八月驚濤
丙申 程峯書於二竹齋

条幅

黄河遠上白雲間一片孤城萬仞山羌笛何須怨楊柳春風不度玉門關

王之渙詩涼州詞
程峯書於二竹齋

中堂

褚遂良雁塔圣教序

教育部书法教材推荐碑帖范本

上海书画出版社

《全本对照——经典碑帖临写辅导》丛书 编委会

主编
王立翔

编委（按姓氏笔画排序）
李剑锋 吴志国
张 青 张恒烟
沈 浩 沈 菊
程 峰

《褚遂良雁塔圣教序》简介

褚遂良（五九六—六五八），字登善，唐钱塘（今浙江杭州）人，博涉文史，精鉴赏，尤工楷法。史载贞观初，太宗出内府金帛，征求二王遗墨，世人进献甚多，但其中真伪杂陈，褚为之鉴定，备论所出，一无舛误。至贞观中官至谏议大夫，累迁黄门侍郎之职。及太宗崩，高宗即位，褚又迁尚书右仆射，封河南郡公，故世又称『褚河南』。褚遂良书早年学虞世南，后则归于王羲之，楷书自成家法，点画遒劲瘦铄，结字清远萧散，微杂隶意，古雅绝俗。

在西安南郊慈恩寺大雁塔塔门东、西龛各立一石，皆为褚遂良书，万文韶刻字。东龛全称《大唐三藏圣教序》，太宗李世民撰文，正书，二十一行，行四十二字，文左行，额隶书八字；西龛全称《大唐皇帝述三藏圣教记》，高宗李治为太子时所撰文，正书，二十行，行四十字，文右行，额篆书八字。《记》字比《序》字稍大。其书法瘦挺雅丽，为褚书代表作。明王世贞《弇州山人稿》评其书云：『褚登善《圣教序记》婉媚遒逸，波拂如铁线。』唐张怀瓘《书断》对此碑有『美人婵娟，似不任乎罗绮，铅华绰约，甚有余态』之评。

此碑书法为楷书学习之最佳范本之一。

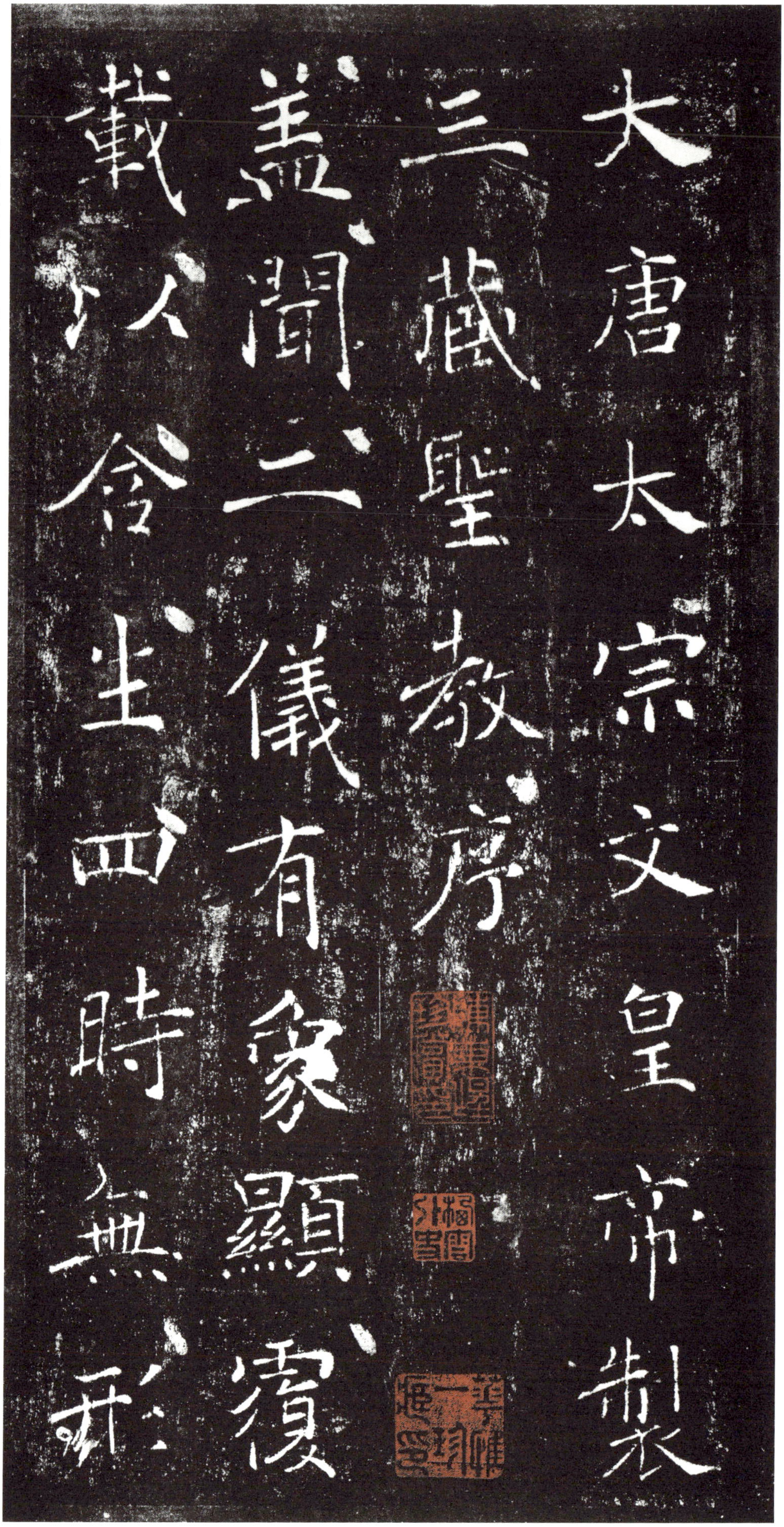

大唐太宗文皇帝制　三藏圣教序　盖闻二仪有象显覆　载以含生四时无形

潛寒暑以化物是以
窺天鑒地庸愚皆識
其端明陰洞陽賢哲
罕窮其數然而天地

潜寒暑以化物是以　窥天鉴地庸愚皆识　其端明阴洞阳贤哲　罕穷其数然而天地

苞乎阴阳而易识者　以其有象也阴阳处　乎天地而难穷者以　其无形也故知象显

可征虽愚不惑形潜　莫睹在智犹迷况乎　佛道崇虚乘幽控寂　弘济万品典御十方

举威灵而无上抑神　力而无下大之则弥　于宇宙细之则摄于　豪厘无灭无生历千

劫而不古若隐若显　运百福而长今妙道　凝玄遵之莫知其际　法流湛寂挹之莫测

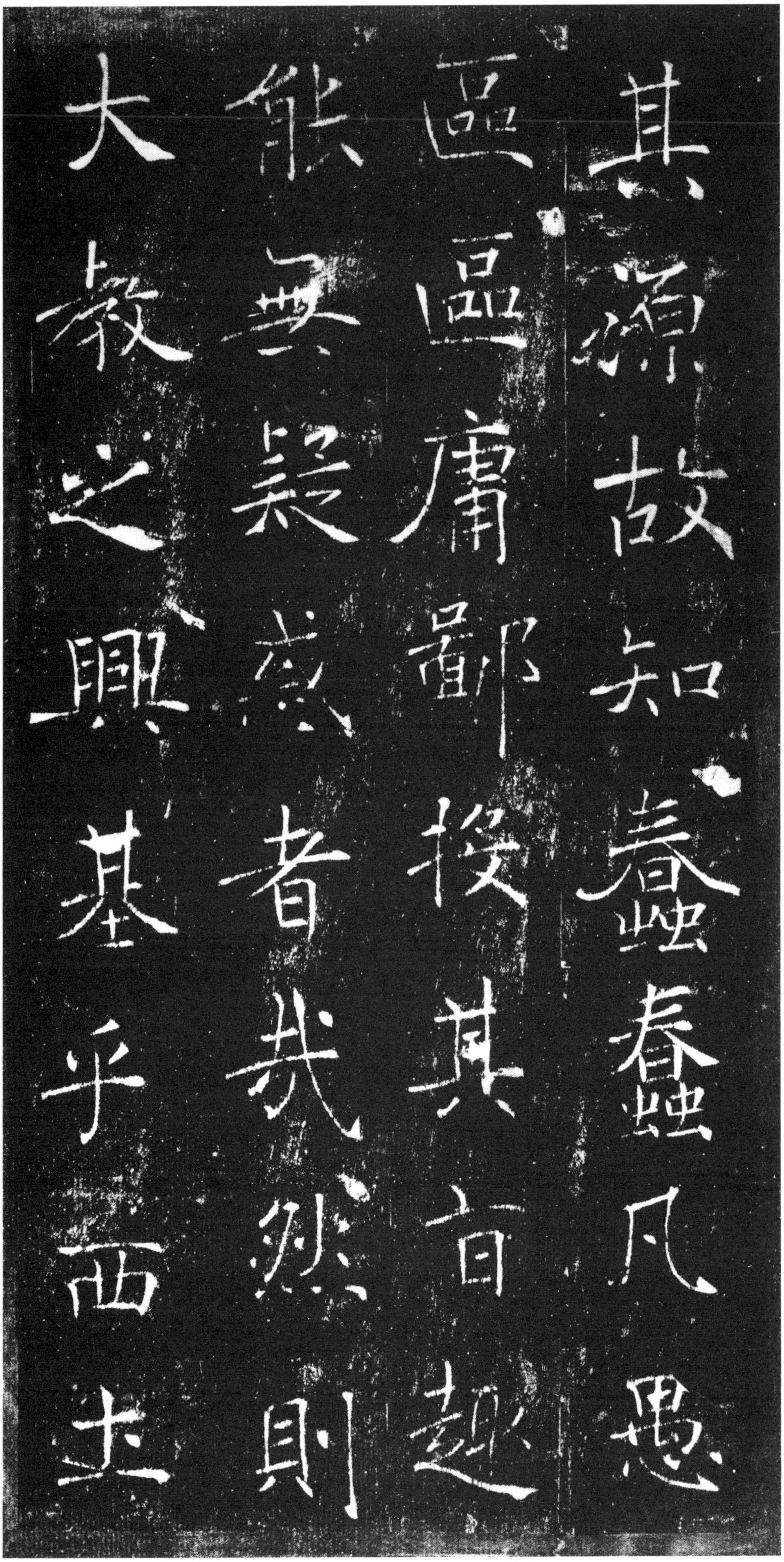

其源故知蠢蠢凡愚　区区庸鄙投其旨趣　能无疑惑者哉然则　大教之兴基乎西土

腾汉庭而皎梦照东　域而流慈昔者分形　分迹之时言未驰而　成化当常现常之世

人（民）仰德而知遵及乎　晦影归真迁仪越世　金容掩色不镜三千　之光丽象开图空端

四八之相于是微言　广被拯含类于三途　遗训遐宣导群生于　十地然而真教难仰

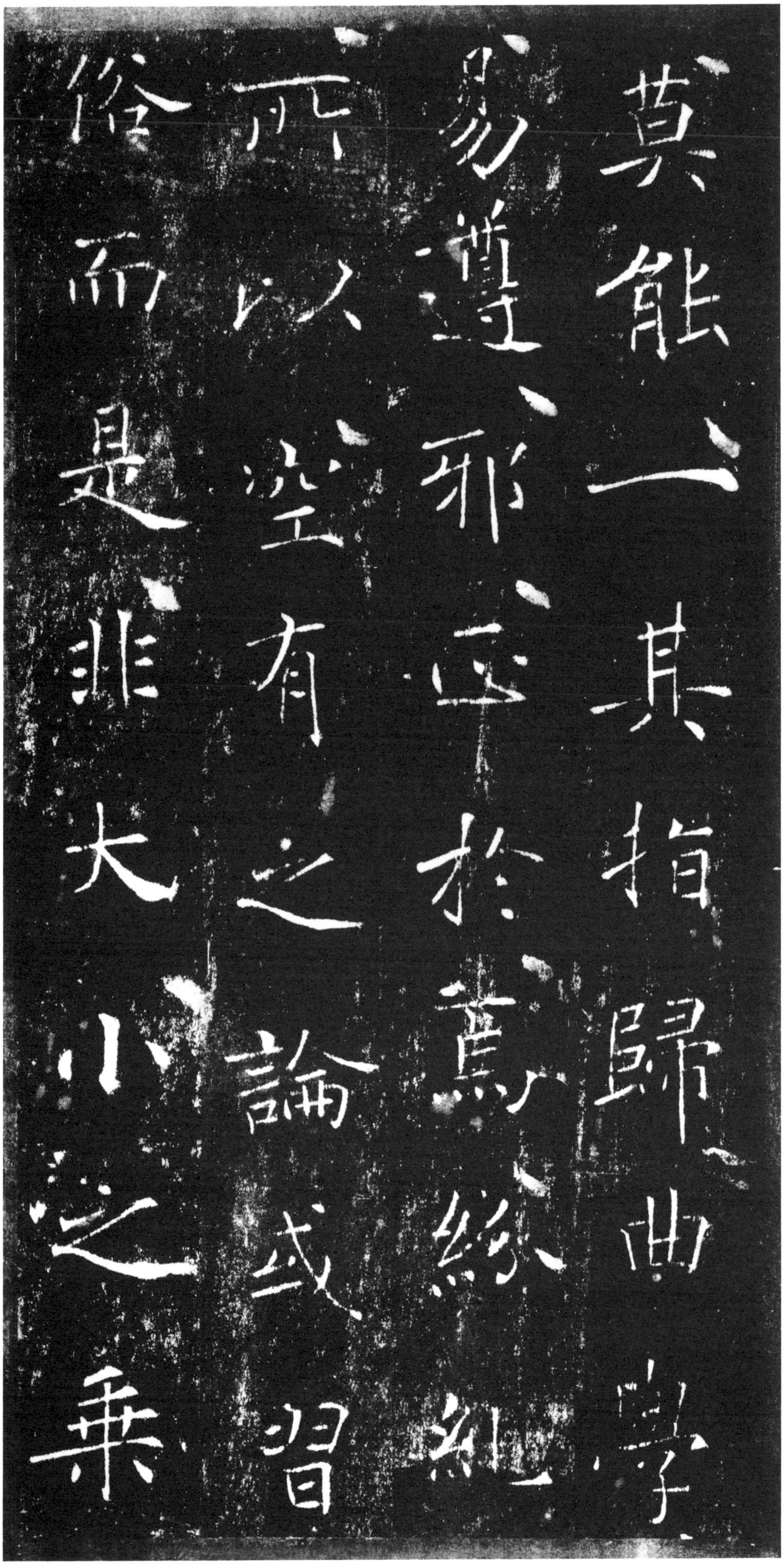

莫能一其指（旨）归曲学　易遵邪正于焉纷纠　所以空有之论或习　俗而是非大小之乘

乍沿时而隆替有玄　奘法师者法门之领　袖也幼怀贞敏早悟　三空之心长契神情

先苞四忍之行松风　水月未足比其清华　仙露明珠讵能方其　朗润故以智通无累

神測未形超六塵而
迥出隻千古而無對
凝心內境悲正法之
陵遲棲慮玄門慨深

神测未形超六尘而　迥出只千古而无对　凝心内境悲正法之　陵迟栖虑玄门慨深

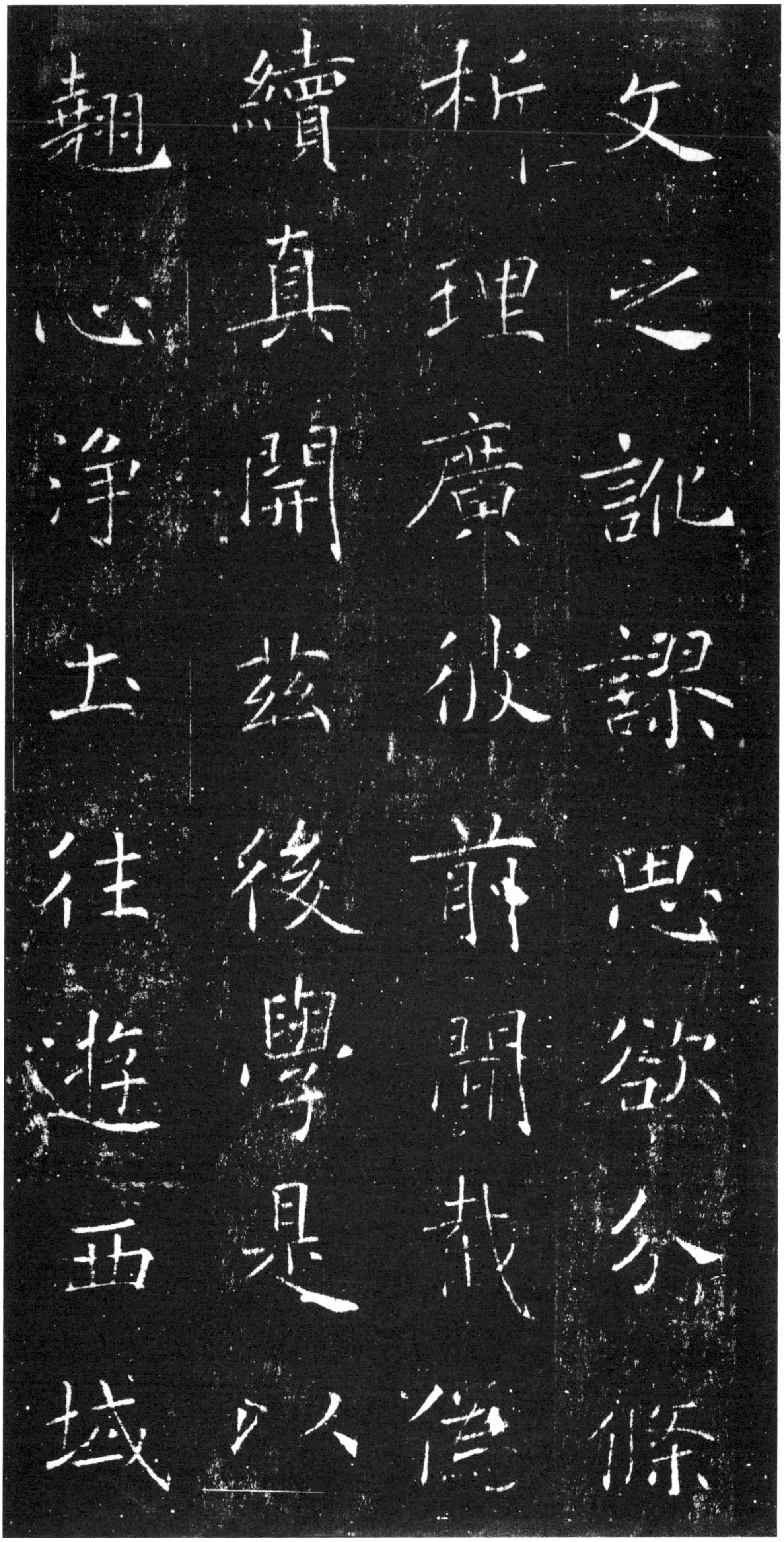

文之讹谬思欲分条　析理广彼前闻截伪　续真开兹后学是以　翅心净土往游西域

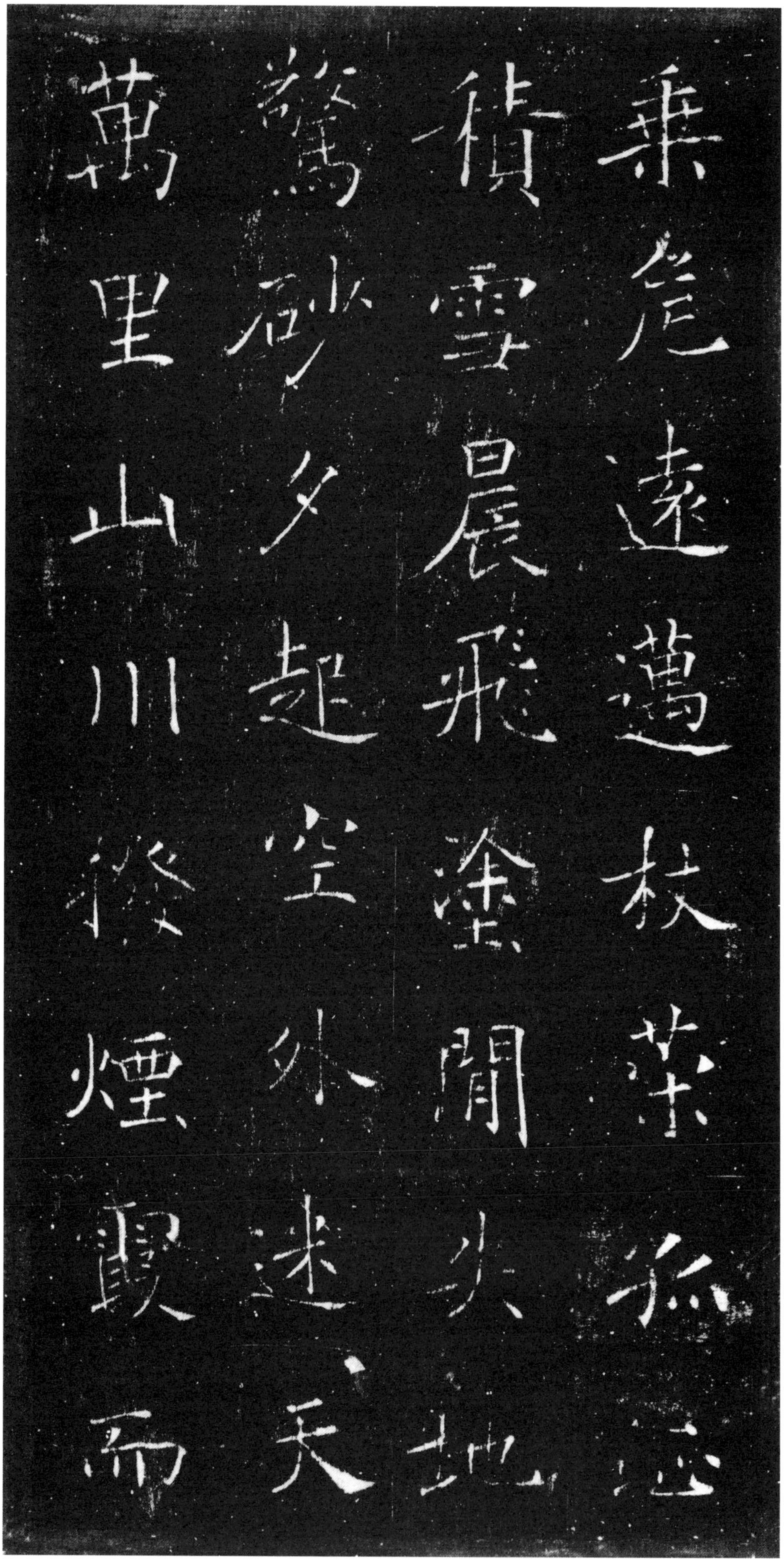

乘危远迈杖策孤征　积雪晨飞途闲失地　惊砂夕起空外迷天　万里山川拨烟霞而

進影百重寒暑躡霜
雨而前蹤誠重勞輕
求深願達周遊西宇
十有七年窮歷道邦

进影百重寒暑蹑霜　雨而前踪诚重劳轻　求深愿达周游西宇　十有七年穷历道邦

詢求正教雙林八水
味道餐風鹿苑鷲峯
瞻奇仰異承至言於
先聖受真教於上賢

询求正教双林八水　味道餐风鹿苑鹫峰　瞻奇仰异承至言于　先圣受真教于上贤

探赜妙门精穷奥业　一乘五律之道驰骤　于心田八藏三箧之　文波涛于口海爰自

所歷之國總將三藏
要文凡六百五十七
部譯布中夏宣揚勝
業引慈雲於西極注

所历之国总将三藏　要文凡六百五十七　部译布中夏宣扬胜　业引慈云于西极注

法雨于东垂圣教缺　而复全苍生罪而还　福湿火宅之干焰共　拔迷途朗爱水之昏

波同臻彼岸是知惡

因業墜善以緣昇

墜之端惟人所託譬

夫桂生高嶺雲露方

波同臻彼岸是知恶　因业坠善以缘升升　坠之端惟人所托譬　夫桂生高岭云露方

得泫其花莲出渌波　飞尘不能污其叶非　莲性自洁而桂质本　贞良由所附者高则

微物不能累所凭者　净则浊类不能沾夫　以卉木无知犹资善　而成善况乎人伦有

識不緣慶而求慶方
冀茲經流施將日月
而無窮斯福遐敷與
乾坤而永大

识不缘庆而求庆方　冀兹经流施将日月　而无穷斯福遐敷与　乾坤而永大

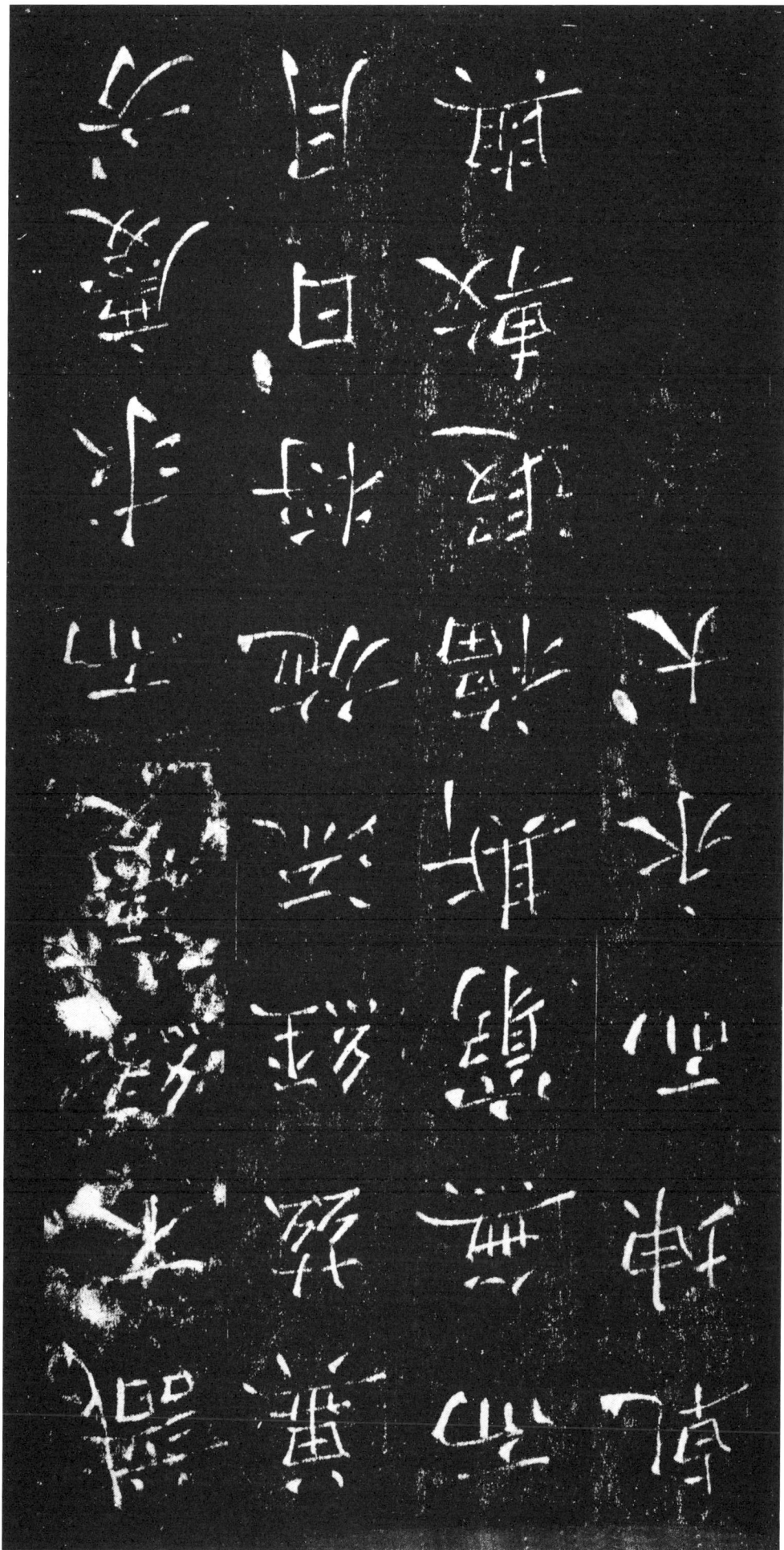

其际故知圣慈所被　业无善而不臻妙化　所敷缘无恶而不翦　开法网之纲纪弘六

度之正教拯群有之　涂炭启三藏之秘扃　是以名无翼而长飞　道无根而永固道名

流慶歷遂古而鎮常
赴感應身經塵劫而
不朽晨鐘夕梵交二
音於鷲峯慧日法流

流庆历遂古而镇常　赴感应身经尘劫而　不朽晨钟夕梵交二　音于鹫峰慧日法流

轉雙輪於鹿菀排空
寶蓋接翔雲而共飛
莊野春林與天花而
合彩伏惟

转双轮于鹿菀排空　宝盖接翔云而共飞　庄野春林与天花而　合彩伏惟

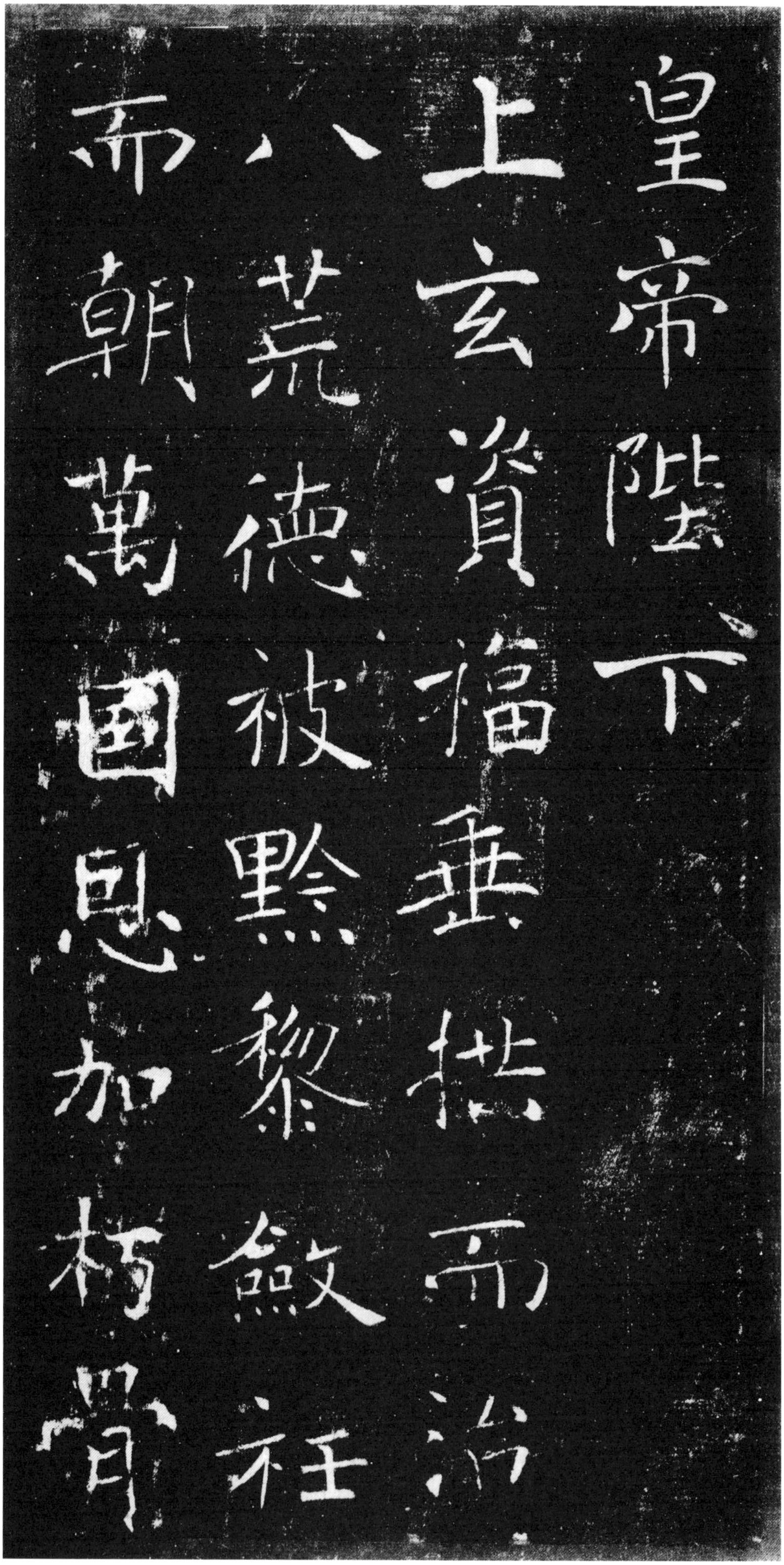

皇帝陛下　上玄资福垂拱而治　八荒德被黔黎敛衽　而朝万国恩加朽骨

石室归贝叶之文泽　及昆虫金匮流梵说　之偈遂使阿耨达水　通神甸之八川耆阇

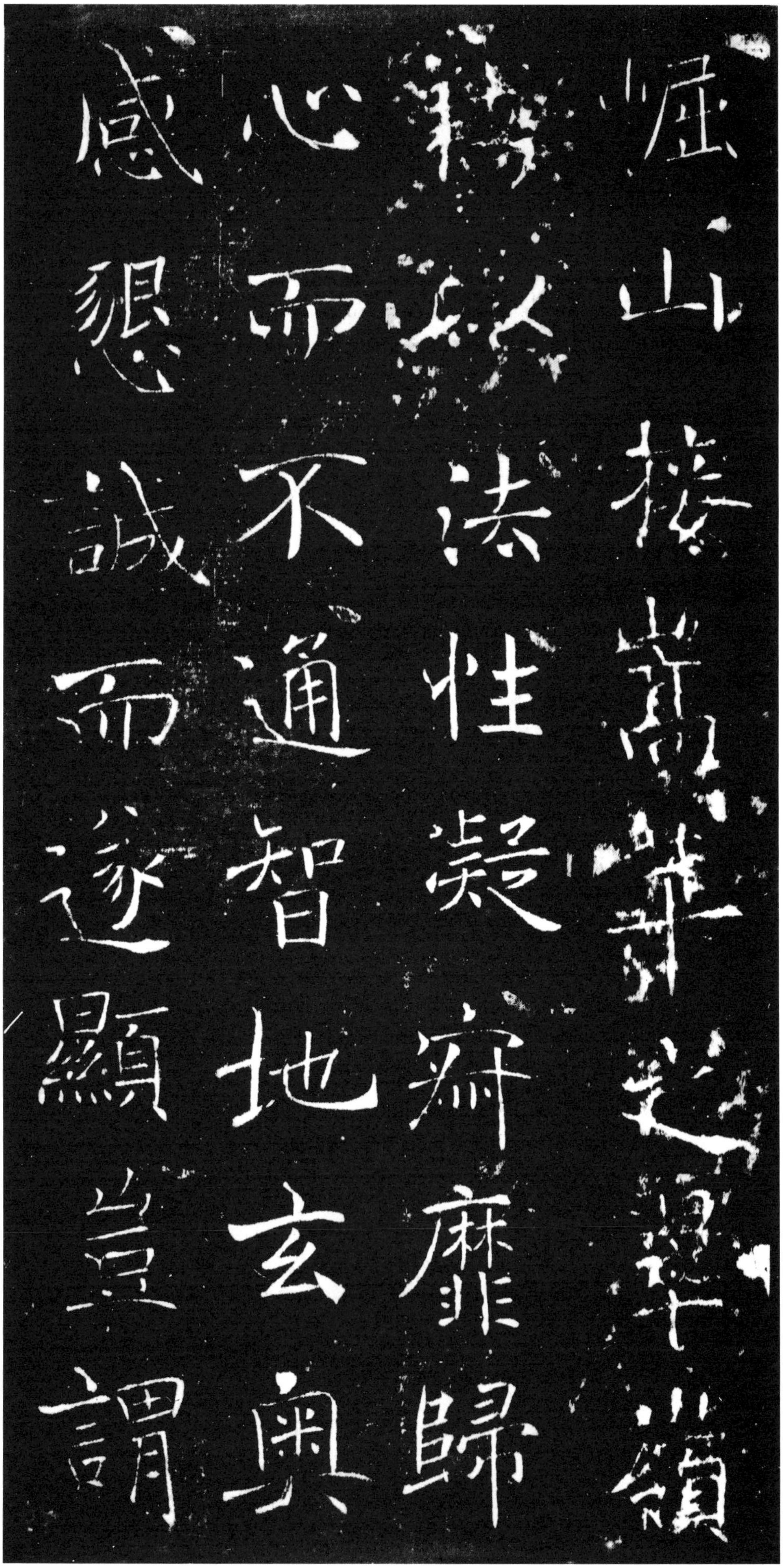

崛山接嵩华之翠岭　窃以法性凝寂靡归　心而不通智地玄奥　感恳诚而遂显岂谓

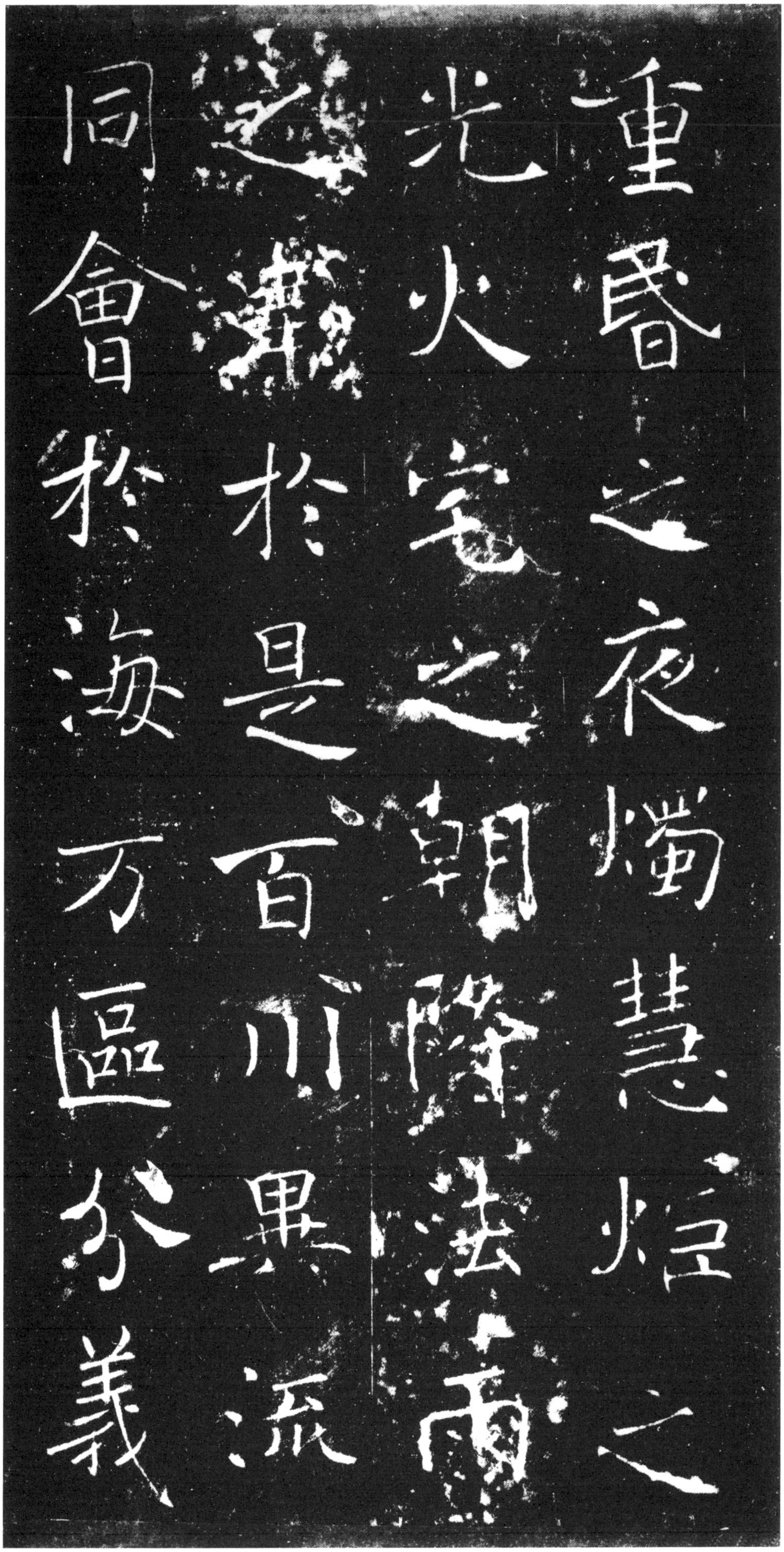

重昏之夜烛慧炬之　光火宅之朝降法雨　之泽于是百川异流　同会于海万区分义

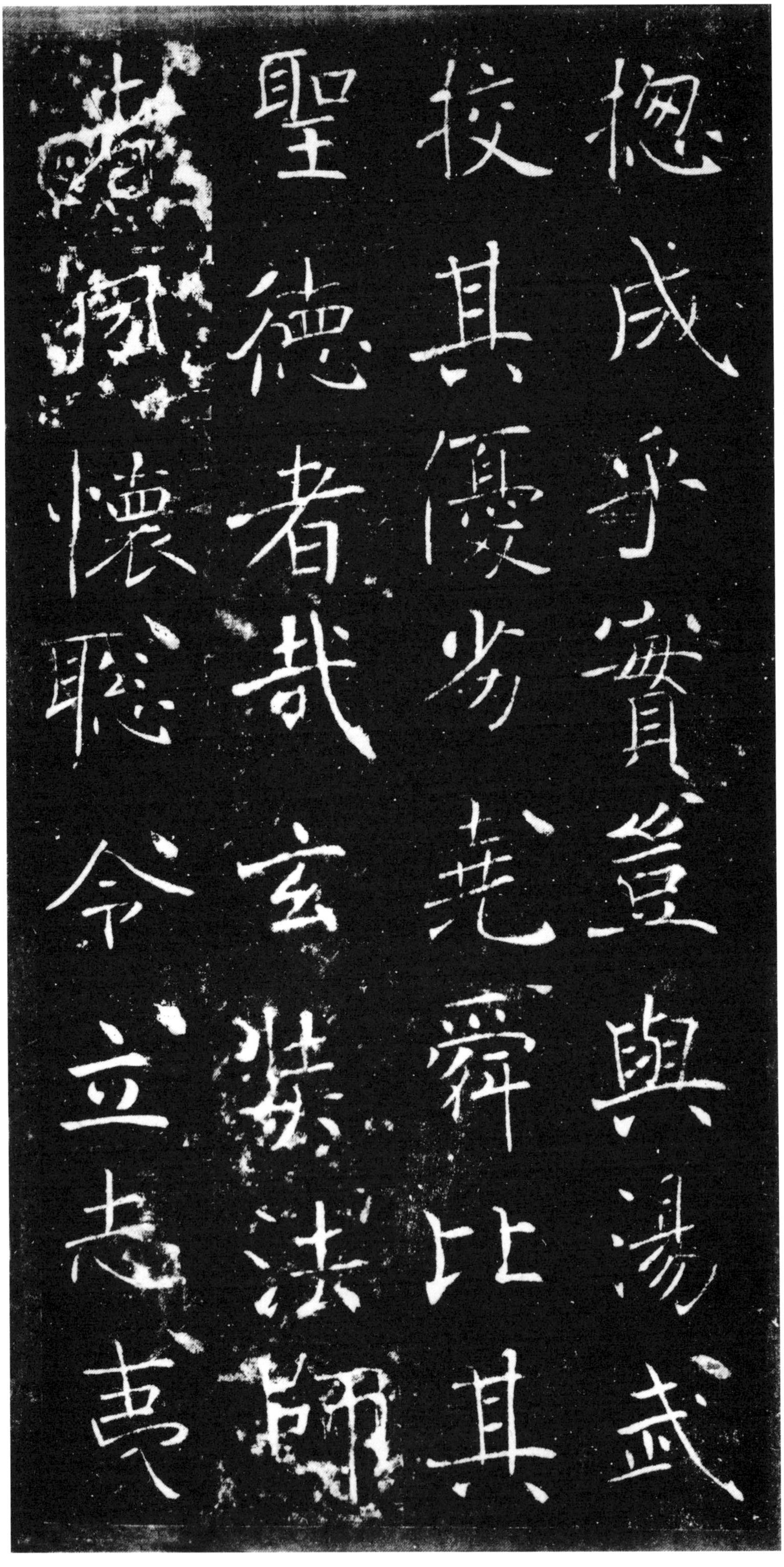

总成乎实岂与汤武　校其优劣尧舜比其　圣德者哉玄奘法师　者夙怀聪令立志夷

简神清龆龀之年体　拔浮华之世凝情定　室匿迹幽岩栖息三　禅巡游十地超六尘

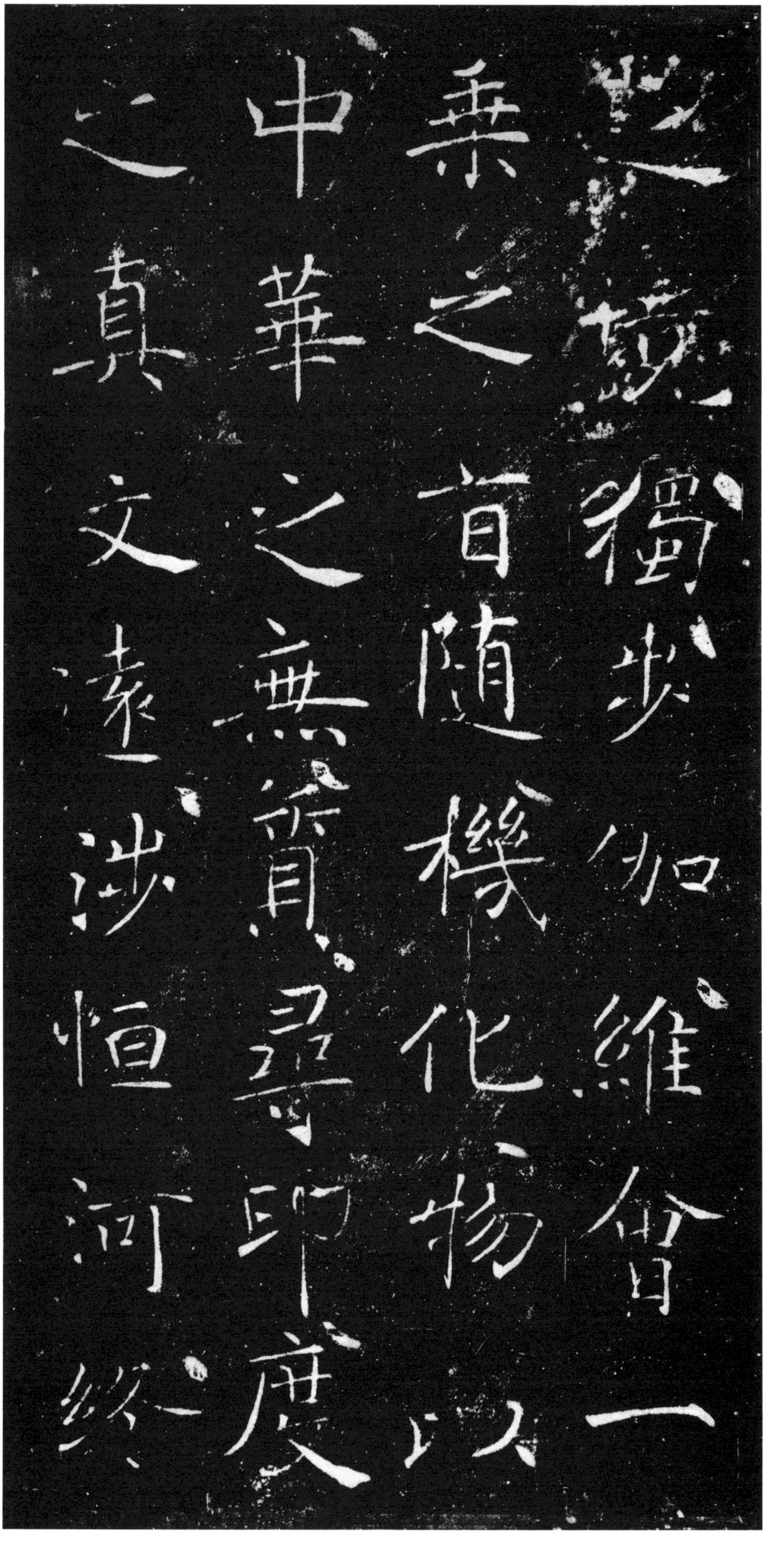

之境独步伽维会一　乘之旨随机化物以　中华之无质寻印度　之真文远涉恒河终

期满字频登雪岭更　获半珠问道往还十　有七载备通释典利　物为心以贞观十九

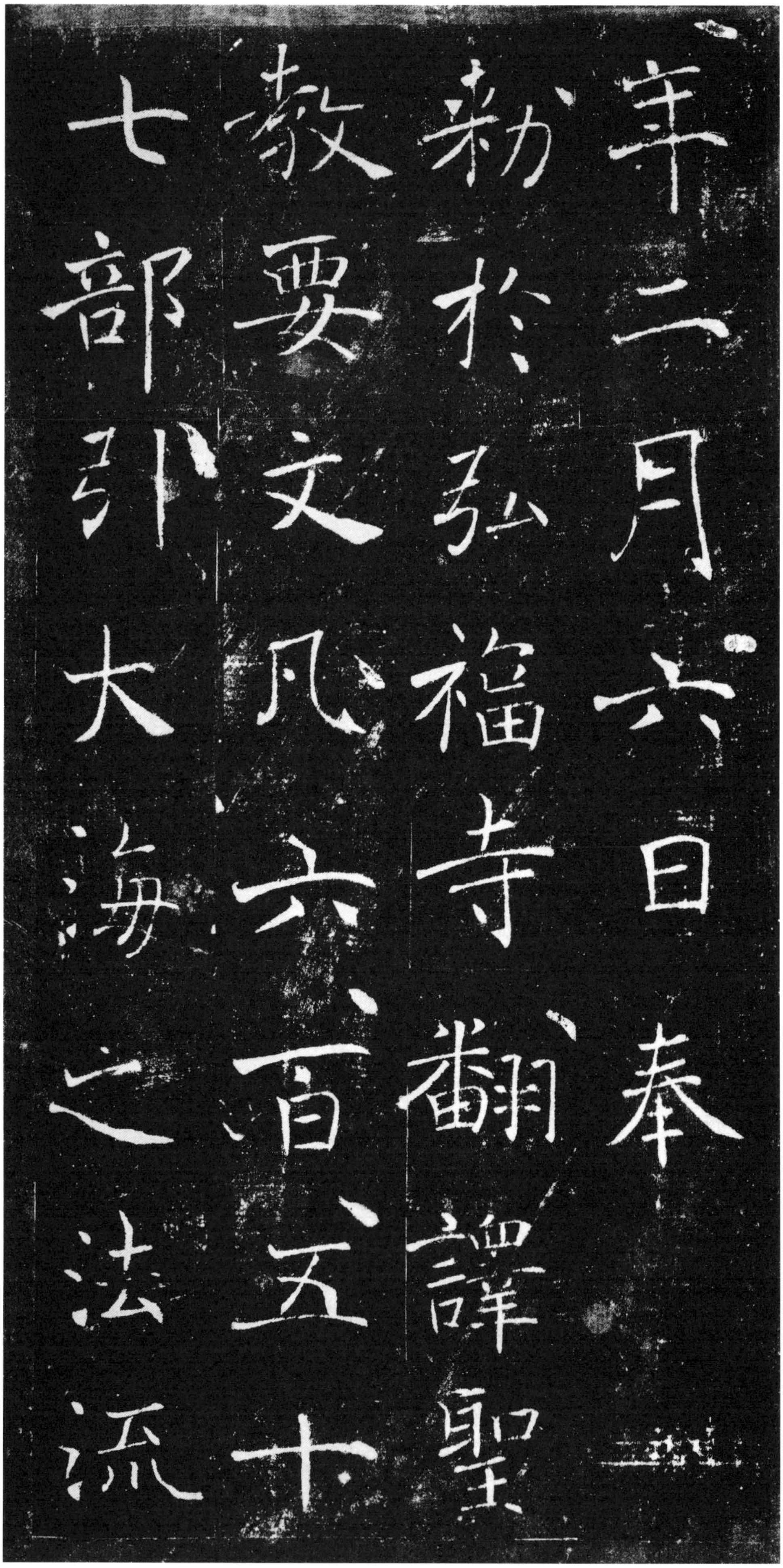

年二月六日奉　敕于弘福寺翻译圣　教要文凡六百五十　七部引大海之法流

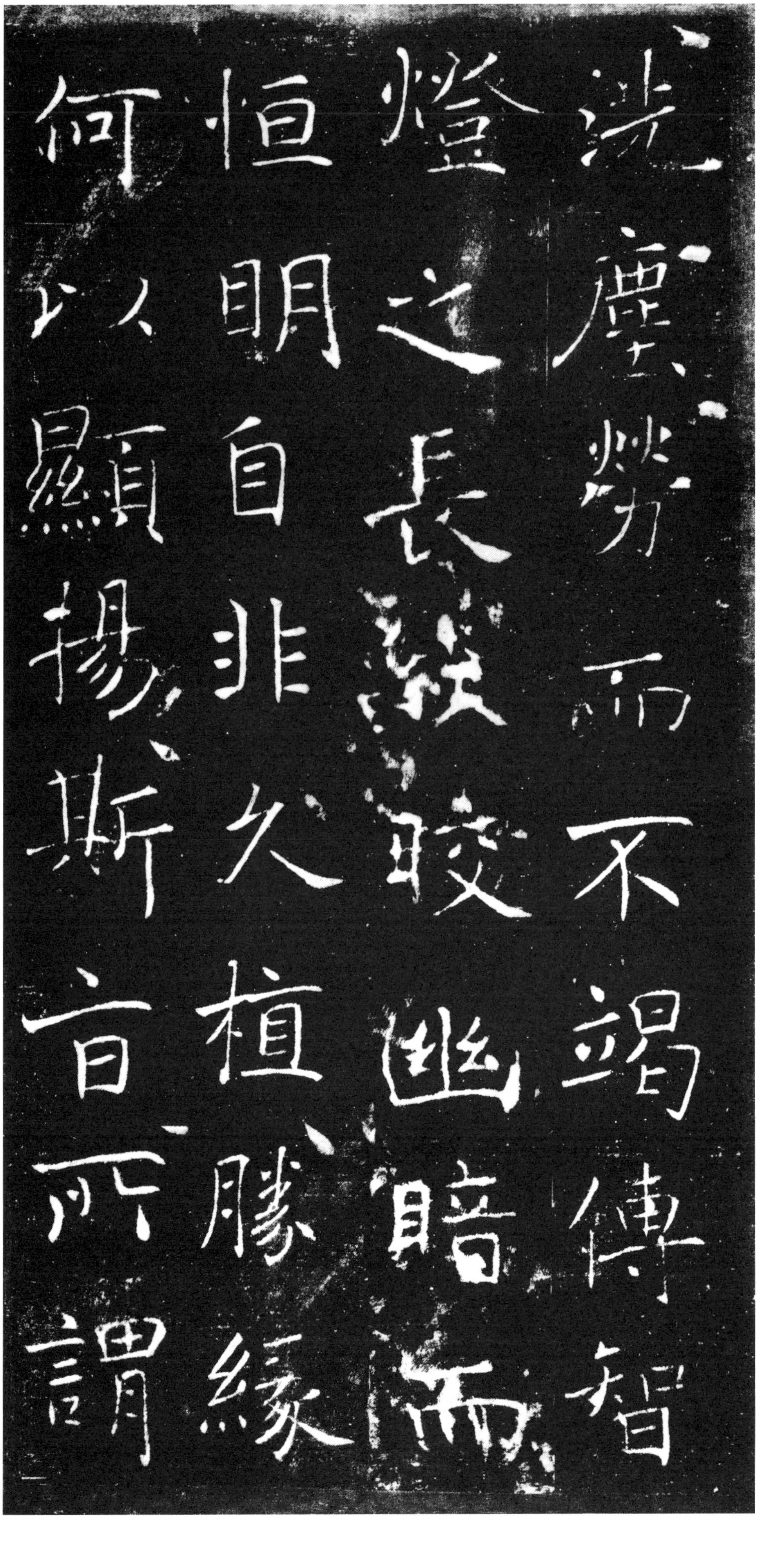

洗尘劳而不竭传智

灯之长焰皎幽暗而

恒明自非久植胜缘

何以显扬斯旨所谓

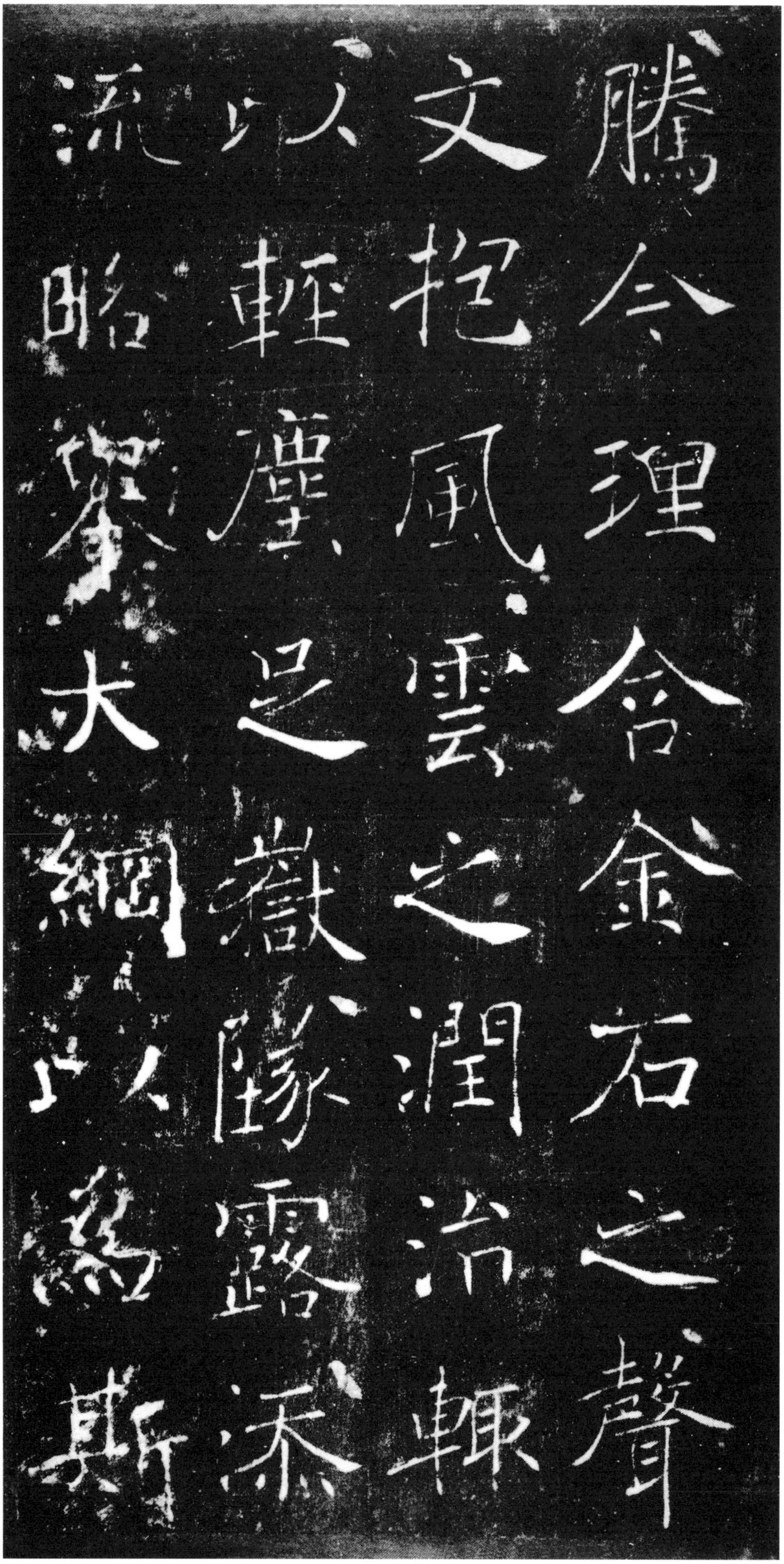
騰今理含金石之聲
文抱風雲之潤治輙
以輕塵足嶽墜露添
流略舉大綱以爲斯

腾今理含金石之声　文抱风云之润治辄　以轻尘足岳坠露添　流略举大纲以为斯

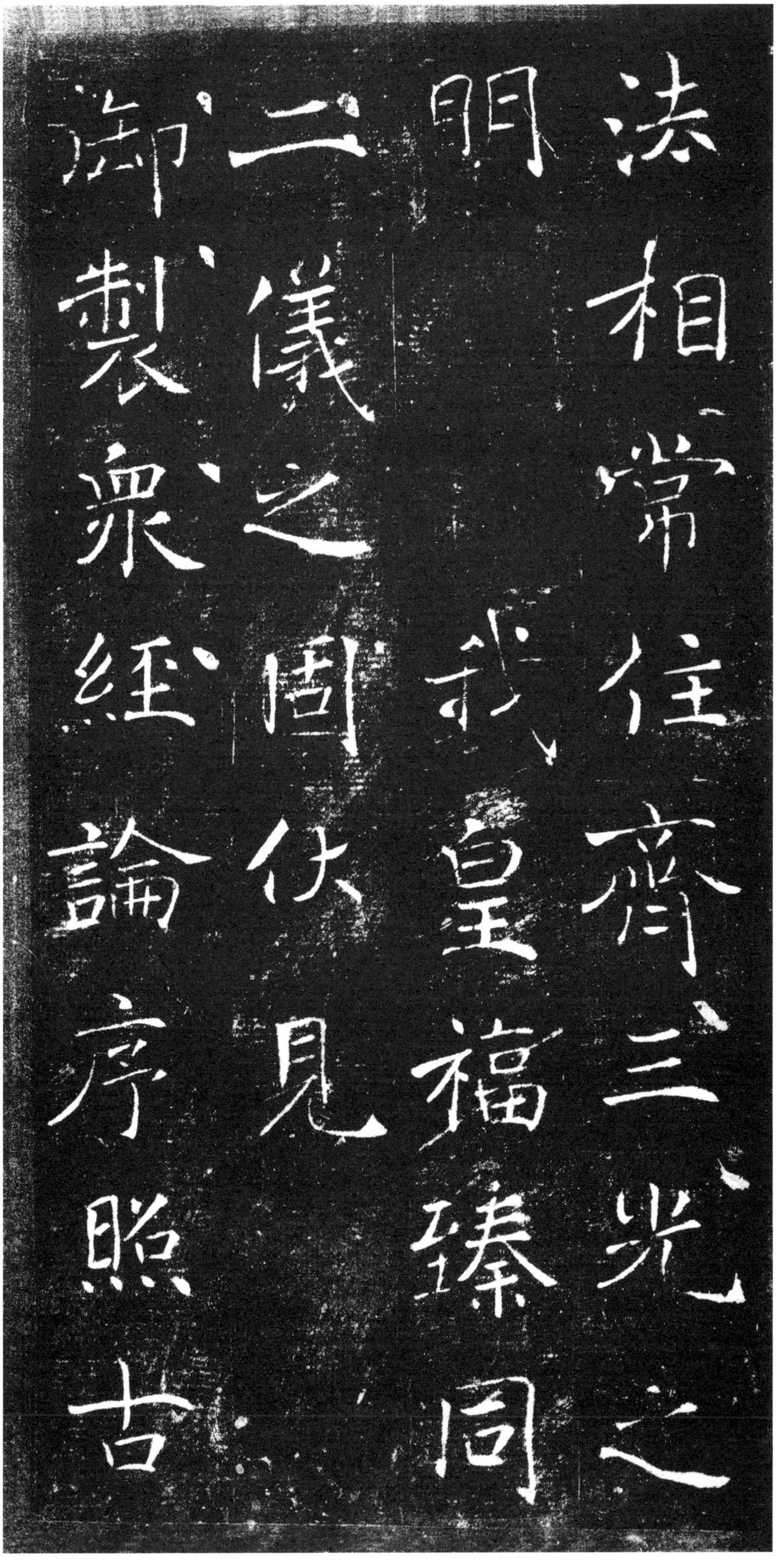
法相常住齊三光之
明我皇福臻同
二儀之固伏見
御製衆經論序照古

法相常住齐三光之　明我皇福臻同　二仪之固伏见　御制众经论序照古

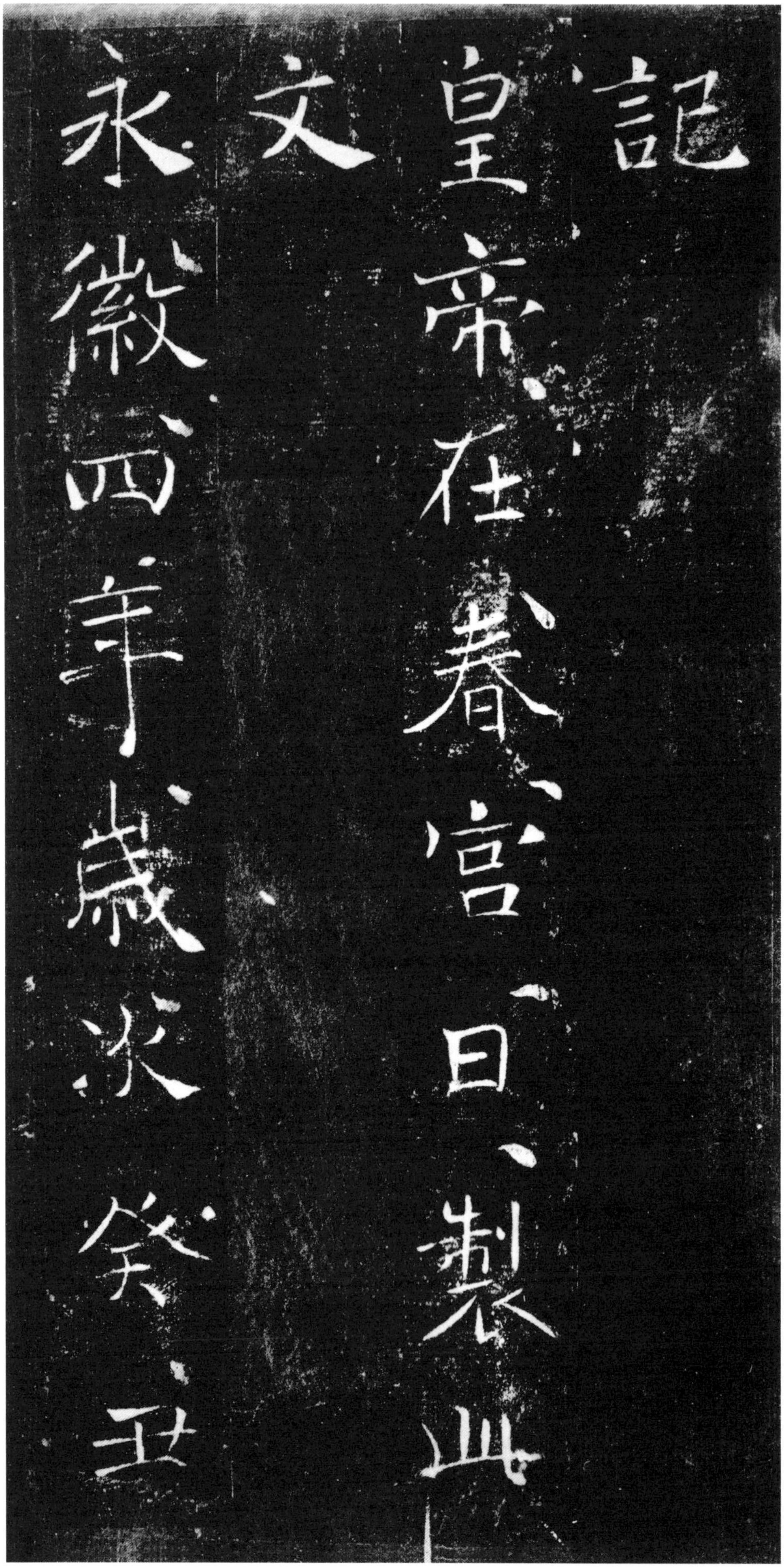
記
皇帝在春宮日製此
文
永徽四年歲次癸丑

记　皇帝在春宫日制此　文　永徽四年岁次癸丑

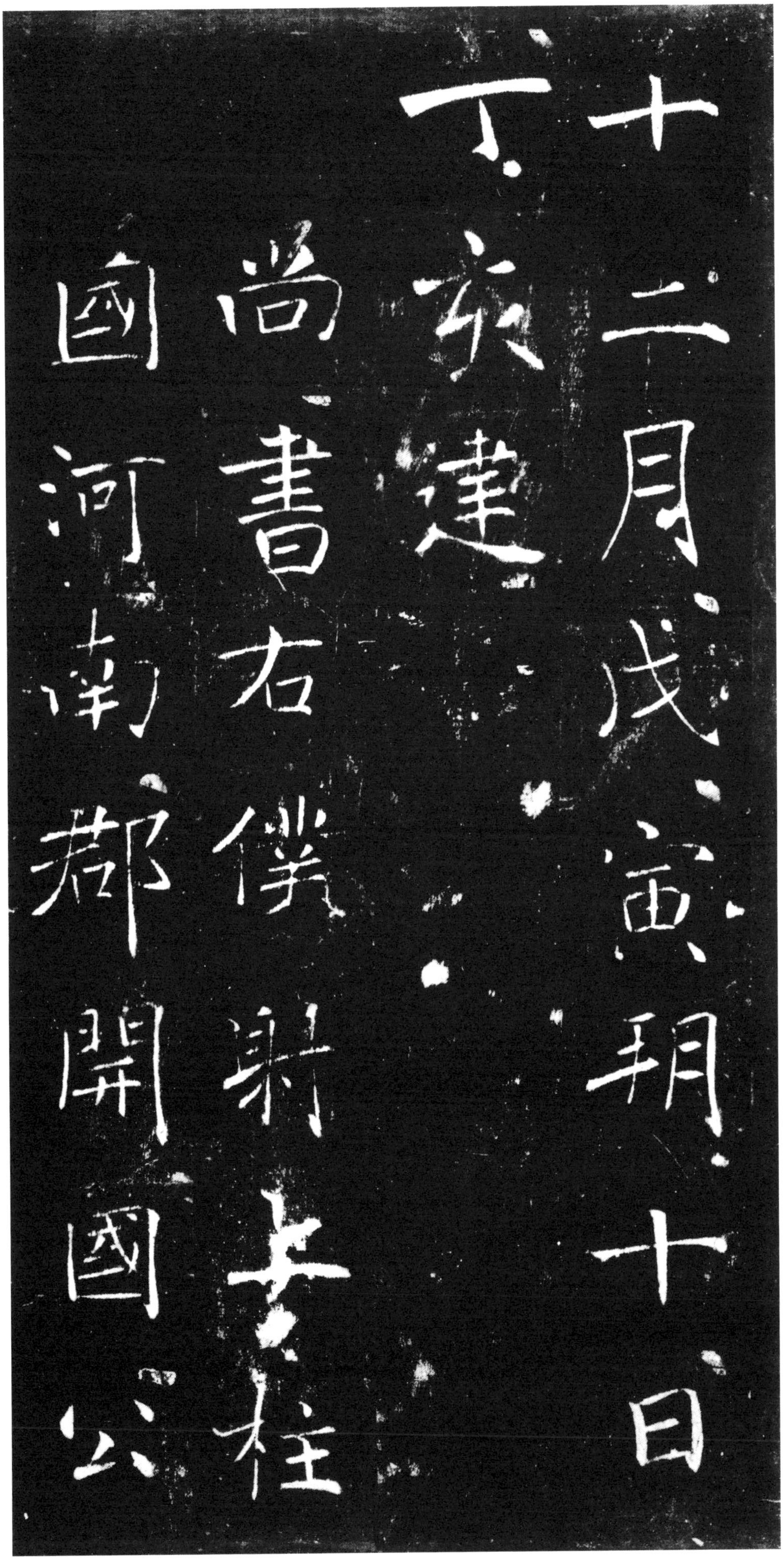
十二月戊寅朔十日
丁亥建
尚書右僕射上柱
國河南郡開國公

十二月戊寅朔十日　丁亥建　尚书右仆射上柱　国河南郡开国公

臣褚遂良书　万文韶刻字

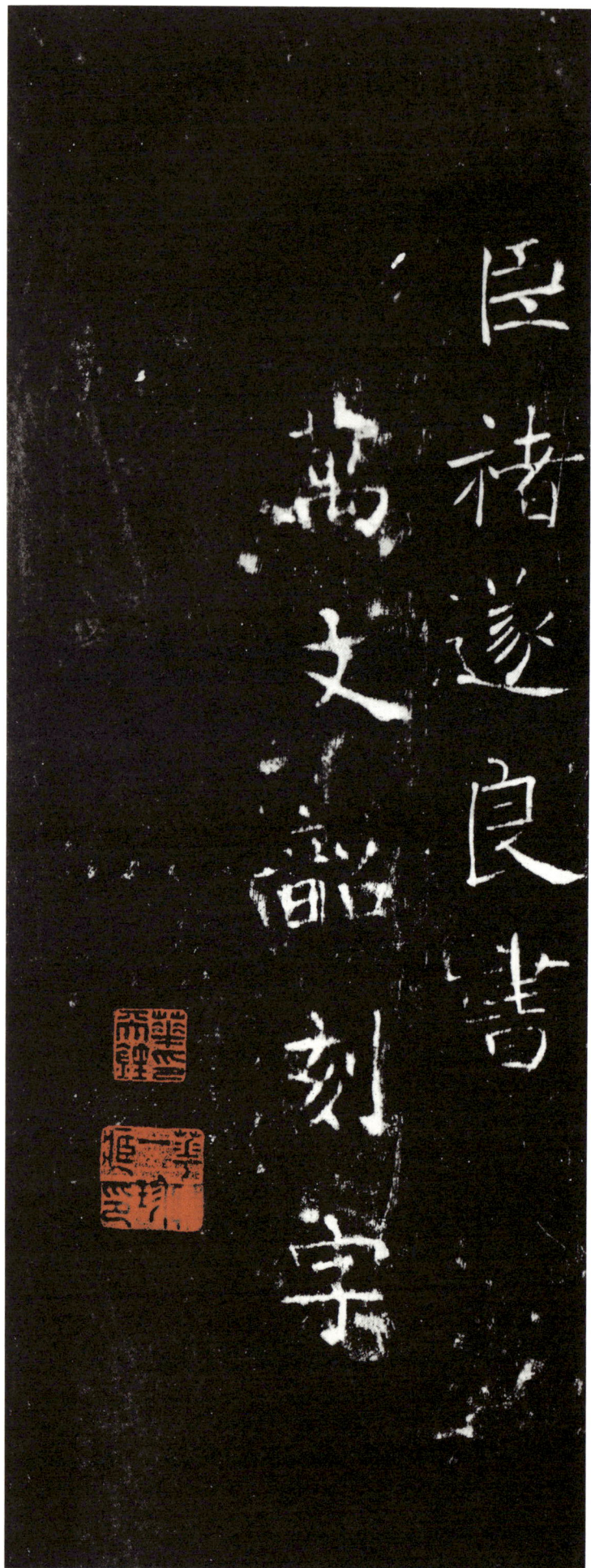